12 übermütige Geschichten
für Solisten

In derselben Reihe
sind bisher erschienen:

11 betörende Geschichten für gewisse Stunden

10 himmlische Geschichten für Engel

11 Kuschelgeschichten für Kinder, die abends nicht ins Bett wollen

12 ketzerische Geschichten für Querdenker und Querulantinnen

10 starke Geschichten für Frauen, die wissen, was sie wollen

8 schnelle Geschichten für alle, die keine Zeit haben

11 ersprießliche Geschichten für die schöne Gärtnerin

13 automatische Geschichten für Anrufbeantworter

8 ausgekochte Geschichten für Feinschmecker

8 schwungvolle Geschichten für die Hängematte

9 pfiffige Geschichten für heimliche Lokomotivführer

9 poussierliche Geschichten für Katzenfreunde

10 Hochzeitsgeschichten für 1001 Nacht

12 Überlebensgeschichten für Mamas und Papas

11 filmreife Geschichten für Kinofans

14 ansteckende Geschichten zum Gesundlachen

8 treuherzige Geschichten für alle, die auf den Hund gekommen sind

12
ÜBERMÜTIGE GESCHICHTEN FÜR SOLISTEN

Ein
Lübbe
Geschenk-
buch

GUSTAV LÜBBE VERLAG

Lektorat der Reihe:
Daniela Bentele-Hendricks
Textauswahl und -bearbeitung:
Diethelm Kaiser,
Lektoratsbüro Bonn

Umschlaggestaltung
und Vignetten:
Melanie Bentele, München
Satz: Kremerdruck GmbH,
Lindlar-Hartegasse
Druck und Einband:
Friedrich Pustet, Regensburg

Printed in Germany
ISBN 3-7857-0750-9

INHALT

Oh boy, ist das schwierig,
eine Unbekannte in einer Bar anzusprechen.

Dres Balmer

Sabine Deitmer

LIEBE UND ANDERE KRANKHEITEN

Warum hatte sie erwartet, daß er einen weißen Kittel trug? Natürlich trug er nichts dergleichen. Er trug einen normalen Anzug und eine Brille im Gesicht.

»Guten Tag.«

Sie ließ sich in den schweren Ledersessel vor seinem Schreibtisch fallen. Die Couch, wo ist die Couch, schoß es ihr kurz durch den Kopf. Wahrscheinlich irgendwo in ihrem Rücken. An der Wand. Oder hatte man das heute gar nicht mehr, eine Couch?

»Guten Tag«, begrüßte er sie.

Er sah sie mit der Gelassenheit eines Mannes an, der wußte, daß seine Stärke weniger im Reden als im Schweigen lag. Im Warten und aufmerksamen Zuhören.

»Ich komme zu Ihnen, weil Sie mir von einer Freundin empfohlen worden sind. Es ging ihr ziemlich schlecht. Ihr Mann ist mit einer Arbeitskollegin durchgebrannt. Sie haben ihr geholfen, wieder auf die Beine zu kommen.«

»Ich glaube, ich weiß, von wem Sie reden. Es war

kein schwieriger Fall. Ihre Freundin hat eine gehörige Portion Überlebensgeist.«

»Sie hat Sie mir jedenfalls empfohlen. Deshalb bin ich jetzt hier.«

»Was für ein Problem haben Sie?«

»Ich bin verliebt. Vermutlich liebe ich sogar. Ein ziemlich akuter Fall.«

Er zog die Augenbrauen leicht hoch.

»Das wird im allgemeinen nicht als Problem empfunden. Im Gegenteil.«

»Im allgemeinen vielleicht nicht. Aber bei mir ist es so. Glauben Sie im Ernst, ich säße jetzt hier, wenn es nicht so wäre?«

»Ich zweifle nicht an dem, was Sie sagen. Es ist ungewöhnlich. Das ist alles. Erzählen Sie mir etwas mehr, damit ich mir ein Bild machen kann.«

»Ich arbeite in der Marketingabteilung einer pharmazeutischen Firma. Wir handeln mit Naturprodukten. Schlaftabletten, Abführmitteln, Appetitzüglern, kosmetischen Präparaten und ähnlichem. Als Produktmanagerin bin ich für fünf dieser Produkte zuständig. Dafür, daß alles läuft. Die Werbung, der Vertrieb. Meine Arbeit macht mir Spaß. Ich arbeite gern, sehr gern sogar.«

Er unterbrach sie nicht.

»Das war nicht immer so. Früher habe ich als Verkäuferin gearbeitet. Das war mörderisch. Anstrengend und schlecht bezahlt. Ich bin fast verrückt geworden, wenn ich mir vorgestellt habe, daß ich das mein ganzes Leben lang weitermachen sollte. Ich bin dann zur Abendschule gegangen und habe jahrelang nachts noch gelernt, bis ich es geschafft hatte und studieren konnte.«

»Sie haben Durchhaltevermögen. Sie haben erreicht, was Sie sich vorgenommen hatten.«

»Das Lernen ist mir nicht immer leichtgefallen. Aber es hat sich gelohnt. Jetzt habe ich eine interessante Arbeit. Es ist nie langweilig: neue Werbekampagnen, Tagungen für die Außendienstmitarbeiter, Reisen ins Ausland. Ich kann mir die Arbeit selbst einteilen, und sie ist gut bezahlt. Traumhaft gut bezahlt. Im Vergleich zu dem, was ich früher verdient habe.«

»Ihr Problem«, erinnerte er sie.

»Ein Mann. Eigentlich habe ich mich nie besonders für Männer interessiert. Nicht, was Sie vielleicht denken. Männer waren einfach nicht wichtig in meinem Leben. Irgendwo gab es immer jemanden, mit dem ich eine Beziehung hatte. Eine lockere Beziehung, die beiden entgegenkam. Und in den Ferien habe ich mich zusätzlich ausgetobt. Ich kann nicht sagen, daß ich mit dieser Situation unzufrieden war, bis ...« Sie zögerte.

»Bis Sie sich richtig verliebt haben«, vollendete er ihren Satz. »Und dieser Mann, was ist das für ein Mensch?«

»Ein Mann in meinem Alter, aus dem Bankgeschäft. Ich habe ihn bei den monatlichen Treffen des Marketingclubs kennengelernt. Wir haben uns unterhalten, und irgendwann wollte er das erste Mal mit mir essen gehen.« Sie stockte und fuhr fort:

»Er ist angenehm. Amüsant, hilfsbereit, kann gut kochen, und ich kann mich gut mit ihm unterhalten.«

»Ist er verheiratet?«

»Du liebe Güte, nein. Jetzt verstehe ich, worauf Sie hinauswollen. Nein, er ist nicht verheiratet. Das ist nicht das Problem. Er ist ledig und würde mich auf der Stelle heiraten, wenn ich einverstanden wäre.«

»Er liebt Sie?«

»Es sieht ganz so aus. Er liebt mich, und ich liebe ihn. Das ist das Problem, dessentwegen ich zu Ihnen gekommen bin.«

»Entschuldigen Sie, wenn ich weiter nachfrage, aber mir ist nicht ganz klar ...«

»Letzten Monat hat mir mein Chef vorgeschlagen, für ein, zwei Jahre in unsere Tochterfirma nach Mailand zu gehen. Ein ideales Sprungbrett für eine europäische Karriere, wie Sie sich denken können. Und ich habe abgelehnt. Können Sie sich das vorstellen? Dieses einmalige Angebot habe ich ausgeschlagen. Mein Chef hat mich angesehen, als wäre ich von allen guten Geistern verlassen. So eine Chance bekommt man nicht alle Tage auf einem silbernen Tablett serviert. Schon gar nicht als Frau. Die Firma hätte mir sogar einen dreimonatigen Sprachkurs in Siena finanziert.«

»Warum haben Sie abgelehnt?«

»Weil ich ihn liebe. Weil ich ihn nicht allein lassen wollte. Weil er gesagt hat, daß er für nichts garantieren könne, wenn ich ihn so lange allein ließe.«

»Sie haben aus Liebe abgelehnt. Aus Liebe zu diesem Mann haben Sie das Angebot ausgeschlagen.«

»So ist es. Sie treffen den Nagel auf den Kopf. Aus Liebe habe ich alles verraten, was mir wichtig ist. Meinen Beruf, meine Karriere, die Förderung, die mir mein Chef zukommen läßt. Alles.«

»Übertreiben Sie nicht ein wenig? Sie haben immer noch Ihre Stelle. Eine überdurchschnittlich qualifizierte und gutbezahlte Stelle. Sie sind nur nicht die nächste Stufe auf der Karriereleiter nach oben geklettert. Vielleicht ergibt sich ja in der Zukunft eine Möglichkeit, Ihre Karriere voranzutreiben, ohne daß Ihre Liebe darunter leiden muß.«

»Er ist örtlich gebunden. Er wird nie von hier weggehen. Und wenn ich weggehe, verliere ich ihn.«

»Ich sehe nicht, wie ich Ihnen mit Ihrem Problem helfen kann.«

»Heilen Sie mich«, beschwor sie ihn. »Heilen Sie mich von dieser Liebe.«

»Sie wollen ...?«

»Ich will, daß Sie mir meine Liebe austreiben. Wegkurieren. Das muß doch möglich sein. Sie sind Psychologe. Machen Sie mit mir ein Verhaltenstraining. So etwas gibt es doch. Wie bei Alkoholikern, denen man den Ekel vor alkoholischen Getränken beibringt.«

»Ich bin kein Verhaltenstherapeut. Ich bin Psychotherapeut. Ich beschäftige mich mit dem, was sich in der Psyche abspielt und dazu führt, daß wir uns so verhalten, wie wir uns verhalten.«

»Sie wollen mir nicht helfen?«

»Von nicht wollen kann keine Rede sein. Ich weiß nicht, ob ich Ihnen helfen kann. Ich will es gerne versuchen. Aber dann müßten Sie bereit sein, sich voll und ganz auf die Behandlung einzulassen. Und Sie müßten in Kauf nehmen, daß dabei unter Umständen etwas völlig anderes herauskommt als das, was Sie sich momentan davon versprechen.«

»Das Risiko gehe ich ein.«

Sie nahm ihr Scheckbuch aus der Tasche und schraubte die Hülle von ihrem Füller.

»Wie sind Ihre Tarife? Ist es Ihnen recht, wenn ich Ihnen einen Scheck über die ersten fünf Sitzungen ausstelle?«

Er hob abwehrend die Hände.

»Für das Geschäftliche ist meine Sekretärin zuständig. Regeln Sie das bitte mit ihr.«

»Hatten Sie ein angenehmes Wochenende?« fragte er sie bei ihrem nächsten Termin zur Begrüßung.

Er saß in der gleichen Haltung hinter dem Schreibtisch wie letzte Woche. Den Rücken in das Leder seines Sessels gedrückt, die Hände locker auf der matt glänzenden Schreibtischoberfläche ineinander verschlungen. Es erschien ihr kaum vorstellbar, daß er sich je von seinem Platz hinter dem Schreibtisch fortbewegte.

»Das Wochenende war wunderbar«, strahlte sie. »Wunderschön. Wir haben eine Fahrradtour gemacht bei herrlichem Sonnenschein.«

Sie schwiegen. Durch die Tür drang gedämpft das Klingeln eines Telefons. Zwischen ihren Augenbrauen grub sich eine steile Falte ein.

»Der Wochenanfang war nicht so erfreulich.«

»Erzählen Sie.«

»Ich bin unkonzentriert. Bin nicht richtig bei der Sache. Es gelingt mir kaum noch, mich bei meiner Arbeit auf die nötigsten Dinge zu konzentrieren. Es gab bereits eine Beschwerde. Von einem unserer Vertreter. Ich hatte ihm zugesagt, die neuen Schaufensterdekorationen für unser Schlafmittel per Eilboten zuzustellen. Er hatte eine dringliche Anfrage von einem seiner besten Kunden. Und das ist mir einfach durchgegangen. Ich habe es vergessen. So etwas ist mir noch nie passiert.«

»Woran denken Sie, wenn Sie mit Ihren Gedanken nicht bei der Arbeit sind?«

»Ich denke an ihn. Ich denke daran, wie er morgens neben mir aufwacht. An seine Bartstoppeln. Wie er sein stoppeliges Kinn an meiner Wange reibt. Wie er die Bettdecke zurückschlägt. In seine Hosen steigt. Knopf für Knopf das Hemd zuknöpft. Solche Bilder habe ich in meinem Kopf und werde sie nicht los.«

»Das geht vielen Verliebten so. Mit der Zeit läßt es nach.«

Sie widersprach: »Bei mir wird es schlimmer mit der Zeit. Es läßt kein bißchen nach. Es ist furchtbar.«

»Warum finden Sie das furchtbar?«

»Ich finde furchtbar, daß ich nicht mehr ich selber bin.«

»Nicht mehr Sie selbst?«

»Ja, nicht mehr ich selbst. Früher bin ich morgens ins Büro gegangen und habe als erstes das Telefon umgestellt, damit ich ungestört war und mich in Ruhe den Absatzzahlen meiner Produkte widmen konnte.«

»Jeden Morgen?«

»Ja, wir bekommen täglich die neuesten Absatzzahlen in Computerausdrucken und können so sofort reagieren, wenn ein neuer Trend sichtbar wird. Mit einer Werbekampagne gegensteuern, wenn der Absatz sinkt. Die Produktion ankurbeln, wenn ein Produkt überraschend gut läuft.«

»Und was ist jetzt anders?«

»Die Absatzzahlen interessieren mich nicht mehr. Die wichtigsten Zahlen überhaupt, und ich interessiere mich nicht mehr dafür. Ich lasse die Papierfahnen durch meine Hände gleiten, das Papier raschelt, und ich fange an zu träumen.«

»Wovon träumen Sie?«

»Ich denke an unser letztes Wochenende, mache Pläne für die Ferien – bis ich mit schlechtem Gewissen aufschrecke und mich zwinge, die Zahlen aufzunehmen. Nur widerwillig konzentriere ich mich auf sie. Früher habe ich ungeduldig auf die neuen Zahlen gewartet und sofort meinen PC damit gefüttert. Ich war gespannt darauf, daß endlich die bunten Tabellen auf dem Monitor aufblinkten und ich auf einen Blick sehen konnte, was Sache war. Bei meinen Produkten und denen meiner Kollegen. Jetzt bin ich schon seit vier Tagen mit der Eingabe meiner Zahlen im Rückstand.«

»Und das beunruhigt Sie?«

»Würde es Sie nicht beunruhigen, wenn Sie auf einmal das Interesse an Ihrem Beruf verlören? Wenn Sie zum Beispiel sämtliche Termine vergäßen, die Sie mit Ihren Patienten vereinbart hatten?«

»Vielleicht gibt es wichtigere Dinge im Leben als geschäftliche Daten und Termine.«

»Wichtigere Dinge?«

»Menschen, die wir lieben. Menschen, die uns lieben. Gefühle, die das Leben erst lebenswert machen.«

»Sie könnten in der Werbebranche arbeiten«, entgegnete sie. »Genauso verkaufen wir. Mit Gefühlen. Und wissen Sie, was sich am besten verkauft zur Zeit? LIEBE. Sie können alles verkaufen, wenn Sie zwei Verliebte nebeneinander auf eine Bank setzen und Händchen halten lassen. Diätmargarine, Sonnenschutzcreme, Schuhe, Strümpfe, Potenzmittel, Kopfschmerztabletten, Reisen, Parfüm. Alles können Sie so verkaufen. Sie brauchen nicht einmal mehr das Produkt abzubilden, das Sie verkaufen wollen.«

»Und was schließen Sie daraus?«

»Ich schließe daraus, daß ich manipulierbar werde, wenn ich meine Gefühle nicht mehr unter Kontrolle habe, wenn ich liebe. Manipulierbar.«

»Haben Sie Angst, daß Ihr Freund Sie manipulieren könnte?«

»Könnte? Er tut es doch schon. Nicht bewußt natürlich. Ich bin doch nicht mehr ich selbst. Ich kenne mich doch kaum wieder.«

»Sie haben Angst davor, wie Sie sich weiter verändern könnten. Was Sie noch tun könnten aus Liebe.«

»Finden Sie das vielleicht unberechtigt?« fragte sie und wurde ungewollt lauter. »Als nächstes gebe ich meine Stelle auf, heirate und kriege Kinder.«

»Wäre das denn so fürchterlich?«

»Würden Sie Ihren Beruf aufgeben, um Kinder großzuziehen?«

»Einer muß die Kinder großziehen.«

»Ich nicht. Ich will nicht.«

»War Ihre Mutter berufstätig?«

»Sie war Hausfrau und hat fünf Kinder großgezogen.«

»Haben Sie Kontakt zu Ihrer Mutter?«

»Ich besuche sie einmal im Monat.«

»Und Ihr Vater? Sehen Sie ihn ebenfalls einmal im Monat, wenn Sie Ihre Mutter besuchen?«

»Nein. Seit er meine Mutter verlassen hat, habe ich ihn nicht mehr gesehen. Er hat wieder geheiratet. Den Scheidungsgrund.«

»Wie hat Ihre Mutter verkraftet, daß sie verlassen wurde?«

»Das weiß ich nicht. Das weiß niemand. Auch die Ärzte haben es nicht herausfinden können. Seit sieben Jahren sitzt sie in ihrem Zimmer in der Anstalt und sagt kein Wort. Kein einziges Wort ist mehr über ihre Lippen gekommen, seit er weg ist. Manchmal setzt sie sich mit dem Stuhl ans Fenster und sieht nach draußen. Was sie dort sieht, erzählt sie keinem. Ich weiß noch nicht einmal, ob sie weiß, wer ich bin, wenn ich sie besuche.«

»Können Sie sich vorstellen, daß die Erfahrungen Ihrer Mutter etwas mit Ihrer Angst vor der Liebe zu tun haben?«

»Ich wollte nie Hausfrau werden wie meine Mutter. Schon als Kind wollte ich das nicht. Ich habe mir geschworen, daß ich immer berufstätig bleibe.«

»Die Zeit ist um«, sagte er. »Wir sehen uns nächste Woche.«

»Wie war das Wochenende?« fragte er sie, die Hände wie üblich auf der leeren Schreibtischplatte locker ineinandergeschlungen und den Blickkontakt zu ihren Augen suchend. Sie fragte sich, wie oft er die Stellung wohl geprobt hatte. Vor dem Spiegel oder mit dem Videorecorder. Bestimmt gab es auch für Psychotherapeuten entsprechende Seminare, nicht nur für Manager.

»Das Wochenende ist nie das Problem«, erinnerte sie ihn.

»Was haben Sie unternommen?«

»Wir haben seine Eltern besucht. Der Vater hatte Geburtstag. Es war wirklich nett. Ich bin mit offenen Armen aufgenommen worden. Es war lustig. Ich habe gelacht wie lange nicht mehr.«

»Sie lachen selten?«

»Im allgemeinen bin ich ein eher ernsthafter Mensch«, gab sie zu. »Das Leben ist nicht immer lustig.«

»Wie ist denn das Leben? Was würden Sie sagen?«

Sie dachte nach. »Das Leben ist so, wie ich mir eine Bergbesteigung vorstelle. Wenn ich vorwärtskommen will, nach oben, muß ich mir Gedanken machen, was ich brauche.«

»Und was brauchen Sie?«

»Ich brauche meine ganze Kraft, eine angemessene Ausrüstung und vor allem einen kühlen Kopf. Ich muß sorgfältig einen Fuß vor den anderen setzen und aufpassen, daß ich nicht den Tritt verliere und abstürze.«

»Merken Sie, wo wir wieder landen?«

»Ja, wir sind an der gleichen Stelle wie letzte Woche.

Bei meiner Angst, den Kopf zu verlieren. Nicht mehr unter Kontrolle zu haben, wo mein Leben hinsteuert, wo ich hinsteuere.«

»Können Sie sich vorstellen, daß es einfacher ist, einen Berg zu ersteigen, wenn man im Team klettert? Alle großen Berge werden so bezwungen. Im Team.«

»Das ist nicht das Problem. Ich arbeite gern im Team. In unserer Marketingabteilung muß ich mit vielen zusammenarbeiten: meinen Kollegen, meinem Chef, unseren Sekretärinnen, den Vertretern, dem Versand ...«

»Jetzt sind Sie wieder bei der Arbeit«, stellte er fest.

»Das ist auch das Wichtigste in meinem Leben.«

»Und Ihr Freund?«

»Der kommt gleich danach. So würde ich es mir auf jeden Fall wünschen.«

»Haben Sie immer noch Schwierigkeiten mit der Konzentration bei Ihrer Arbeit?«

»Es ist kein bißchen besser geworden. Eher schlimmer. Selbst meinem Chef ist es aufgefallen.«

»Wie hat er reagiert?«

»Er hat mich zur Seite genommen und mir ins Gewissen geredet. Daß es nicht so weitergehen kann und ich aufpassen muß, keine ernsthaften Schwierigkeiten zu bekommen.«

»Ernsthafte Schwierigkeiten?«

»Es hat weitere Beschwerden gegeben. Aus unterschiedlichen Bereichen. Näheres wollte er mir nicht sagen. Aber wenn sich die Produkte, die ich betreue, nicht nach wie vor so gut verkaufen würden, hätte ich schon eine offizielle Abmahnung erhalten. Auch so ist klar, was mich erwartet. Wenn ich weiter so unkonzentriert arbeite, muß ich mit allem rechnen. Bis hin zu einer Kündigung.«

»Ist das Ihr Ernst?« fragte er besorgt.

»Wir haben ein knallhartes Management. Nur mit Topleuten läßt sich der Standard halten und noch steigern. Ich sehe das ganz genauso.«

»Haben Sie mit Ihrem Freund darüber geredet?«

»Mehr als einmal.«

»Und wie hat er reagiert?«

»Er hat mir mehrere Heiratsanträge gemacht und mir geraten, meine Gefühle ernst zu nehmen.«

»Wie finden Sie seine Reaktion?«

»Ich glaube, es ist so das übliche. Das, was alle Männer sagen, wenn sie eine Frau lieben oder glauben, sie zu lieben.«

»Sind Sie ihm böse?«

»Böse.« Sie überlegte. »Nein, ich bin ihm nicht böse. Ich glaube, es ist normal für einen Mann, die Frau, die er liebt, bei sich haben zu wollen. Ich glaube, das ist das übliche. Er will mich ganz für sich haben, mich heiraten, will, daß ich vor allem für ihn da bin. Sind Sie verheiratet?«

Er begann mit Daumen und Mittelfinger der rechten Hand an seinem Ehering herumzuspielen. Ihn am Ringfinger der linken hin und her zu bewegen.

»Ja, wir haben drei Kinder.«

»Und Ihre Frau. Ist sie berufstätig?«

»Seit die Kinder da sind, arbeitet sie nur noch stundenweise in einer Beratungsstelle für Frauen.«

»Und der Beruf fehlt ihr nicht?«

»Manchmal schon, da würde sie gern wieder voll arbeiten gehen«, gab er zu. »Aber wir reden darüber, und wir lieben uns. Es ist das beste so.«

»Liebe«, sagte sie und verzog das Gesicht. »Ich wollte, ich wäre sie los, meine Liebe.«

»Sie könnten sich von Ihrem Freund trennen, wenn Ihre Lebensplanung so unterschiedlich ist. Haben Sie diese Möglichkeit schon einmal ernsthaft erwogen?«

»Trennen?« fragte sie entgeistert. »Wie kann ich mich von einem Menschen trennen, den ich liebe? Können Sie mir das verraten?«

»Wir haben uns eine ganze Weile nicht gesehen«, begann er das Gespräch, sobald sie Platz genommen hatte. Er blickte konzentriert auf seine ineinander verschlungenen Hände, als bereite es ihm Schwierigkeiten, herauszufinden, welche Finger zu welcher Hand gehörten.

Sie löste ihren Blick von seinen Händen.

»Ich bin nicht mehr gekommen, weil sich mein Problem inzwischen gelöst hat.«

»Sie haben für fünf Sitzungen bezahlt, und es ist üblich, daß ich mit meinen Patienten ein abschließendes Gespräch führe. Deshalb habe ich Sie noch einmal eingeladen.«

»Und ich bin Ihrer Einladung gefolgt.«

»Ihr Problem hat sich inzwischen gelöst?« begann er.

»Ja, es geht mir wieder gut. Ich bin wieder ich selbst. Ich interessiere mich wieder für meine Arbeit. Ich kann mich wieder auf meine Umsatzzahlen konzentrieren, und ich gehe wieder mit Kollegen zum Mittagessen, um mit ihnen zu fachsimpeln. Ihre Behandlung hat mir geholfen.«

»Das überrascht mich. Ich hatte nicht den Eindruck, daß sich im Verlauf unserer Sitzungen etwas an Ihrem Problem geändert hat.«

»Was sollte sich auch ändern«, entgegnete sie. »Sie konnten mir meine Liebe nicht wegkurieren. Das ist mir klargeworden. Niemand kann mir diese Liebe austreiben.«

»Sie lieben Ihren Freund weiterhin?«

»Ich liebe ihn nach wie vor«, bestätigte sie ihm.

»Wodurch ist dann eine Änderung eingetreten?« wollte er wissen.

»Sie stehen unter Schweigepflicht?« fragte sie.

»Selbstverständlich. Ich darf nichts, was Sie mir anvertrauen, ohne Ihre Zustimmung an Dritte weiterleiten. Selbst wenn Sie ein Verbrechen verübt hätten und Sie mir dieses Verbrechen beichten würden, ginge ich damit nicht zur Polizei, sondern würde schweigen«, scherzte er.

»Ein Verbrechen«, sie wiederholte das Wort. »Nein, ein Verbrechen habe ich nicht verübt.«

»Wollen Sie mir sagen, was geschehen ist?«

Sie zögerte.

»Es interessiert mich wirklich, wodurch sich Ihr Problem erledigt hat.«

»Das glaube ich Ihnen. Ich verstehe Ihr berufliches Interesse an meinem Fall. Also gut. Es war ein wundervoller Abend. Wir haben auf seinem Balkon gesessen und von dort oben auf die Lichter in den Straßen hinabgesehen. Es war wundervoll.«

»Und dann?«

»Dann hat er meine Hand genommen und mir gesagt, daß er noch nie eine Frau in seinem Leben so geliebt habe wie mich.« Sie schluckte. »Und ich habe seine Hand gedrückt und ihm gesagt, daß ich nie wieder einen Mann so lieben würde wie ihn.«

»Ein romantischer Abend«, stellte er fest.

»Ja, ein romantischer Abend«, pflichtete sie ihm bei.

»Und?«

»Er hat mir gesagt, daß ich für ihn die ideale Mutter seiner Kinder sei. Daß er sich wünsche, mit mir Kinder zu haben.«

»Und Sie? Was haben Sie geantwortet?«

»Ich habe ihm gesagt, daß ich keine Kinder will.«

»Wie hat er reagiert?«

»Eine Weile hat er gar nichts gesagt. Mich nur angesehen. Und dann hat er gesagt, daß er vor allem mich wolle. Mehr als alles andere. Und wenn ich keine Kinder wolle, dann werde er das auch akzeptieren.«

»Er liebt Sie.«

»Danach hat er mir einen weiteren Heiratsantrag gemacht.«

»Und Sie?«

»Ich habe abgelehnt. Ich weiß nicht, zum wievielten Male. Aber ich habe ihm von meiner Mutter erzählt. Zum erstenmal. Und von der Ehe meiner Eltern.«

»Und er?«

»Er hat versucht, mich zu überzeugen, daß er nie so

handeln könnte wie mein Vater. Daß er nie eine Frau verlassen könnte, die seine Kinder zur Welt gebracht und aufgezogen hätte. Er wollte mich überzeugen, daß er ganz anders sei, daß ich ihm mein Leben anvertrauen könne.«

»Haben Sie ihm geglaubt?«

»Ich weiß es nicht.«

»Und wie ging es weiter?«

»Er wollte mir beweisen, wie sehr er mich liebt. Er war wie besessen von der Idee.«

»Ja?«

»Er ist auf die Balkonmauer geklettert. Im sechsten Stock ist er auf den Mauervorsprung gestiegen, von dem aus sich das Eisengitter des Balkons zur anderen Seite spannt. Da stand er und hat mich gefragt, ob ich wolle, daß er für mich auf dem Balkongeländer bis hinüber auf die andere Seite gehe. Als Beweis für seine Liebe. Als Beweis dafür, daß er bereit sei, sein Leben für mich zu riskieren.«

»Das hat er tatsächlich getan?«

»Ja, das ist noch nicht alles. Er ist wieder von der Mauer heruntergestiegen, und dann hat er seine Schuhe ausgezogen. Ganz ordentlich hat er sie nebeneinander vor das Balkongitter gestellt, und danach ist er in Socken ein zweites Mal auf den Balkonsims geklettert und hat mich ein zweites Mal gefragt, ob ich wolle, daß er mir seine Liebe beweise. Ob ich ihm dann glauben würde?«

»Und?«

»Er stand da, breitete die Arme aus, um zu testen, wie er das Gleichgewicht halten konnte. Mit ausgebreiteten Armen stand er da in der Dunkelheit und begann tatsächlich, den Mauersims zu verlassen. Erst den einen Fuß auf dem Eisengitter vorwärtszuschieben, dann den anderen.«

»Sie haben zugeschaut? Ihn nicht zurückgehalten?«

»Ich habe ihn angestarrt und kein Wort herausgekriegt. ›Ich liebe dich‹, hat er in die Nacht gerufen. ›Glaubst du mir jetzt endlich?‹ Aber ich habe ihm doch immer geglaubt.«

»Haben Sie ihm das gesagt?«

»Ja, plötzlich habe ich eine schreckliche Angst bekommen. Ich bin von meinem Stuhl aufgesprungen und zu ihm geeilt. ›Ich liebe dich auch‹, habe ich geschluchzt. ›Wenn du wüßtest, wie sehr ich dich liebe‹, habe ich gerufen.«

»Und da ...«

»Da hat er zu mir hergesehen und die Balance verloren. Er ist einfach zur Seite geknickt, und die Nacht hat ihn geschluckt.«

Eine Weile war es still.

»Ihr Freund ist vom sechsten Stock auf das Pflaster der Straße gestürzt«, stellte er fest.

»Ja«, sagte sie. »Er ist durch die Nacht geflogen und auf dem Pflaster zerschellt. Ich glaube nicht, daß er lange gelitten hat. Ich glaube, es war ein schöner Tod.«

»Sind Sie sicher, daß es sich so abgespielt hat«, fragte er. »Daß Sie nicht nachgeholfen haben?«

»Welchen Unterschied macht das? Ob er abgestürzt ist, weil er auf mich geblickt hat. Oder ob er abgestürzt ist, weil ich ihn von der Balkonbrüstung gestoßen habe.

Was ist da für ein Unterschied? In beiden Fällen ist er aus Liebe gestorben. Weil er mich liebt, weil ich ihn liebe. Wo ist der Unterschied?«

»Juristisch gesehen gibt es da sicher einen Unterschied.«

»Juristisch«, sagte sie. »Aber ich habe ihn geliebt. Noch nie habe ich einen Menschen so geliebt wie ihn.«

»Und wie fühlen Sie sich jetzt? Haben Sie Schuldgefühle?«

»Schuldgefühle«, sie wiederholte langsam das Wort. »Nein, ich habe keine Schuldgefühle. Er hatte einen schönen Tod. So möchte ich auch gerne sterben. In Liebe.«

»Denken Sie an Selbstmord?«

»Nein, Sie brauchen sich meinetwegen keine Gedanken zu machen.«

»Wie fühlen Sie sich?«

»Erleichtert. So, als wäre ich von einer schlimmen Krankheit genesen.«

»Und Ihre Liebe?«

»Die bleibt mir. Natürlich liebe ich ihn noch. Auf eine ruhige Art. Die Liebe macht mich nicht mehr krank wie früher. So kann ich meine Liebe ertragen.«

»Haben Sie keine Befürchtungen, daß Ihnen das gleiche noch einmal passieren könnte?«

»Noch einmal?« fragte sie erschreckt.

»Ja, noch einmal.«

»Nein«, sagte sie entschieden. »Nie mehr werde ich mich verlieben. Nie mehr.«

Doris Dörrie

FRAUEN ALLEIN IN HOTELZIMMERN

Fanny war einfach unfähig zu Affären, sie verliebte sich, und wenn es nur für eine Nacht war. Vielleicht nicht unbedingt in den ganzen Mann, manchmal reichte ihr auch schon die Art, wie er lachte, wie kraftvoll seine Hände auf dem Lenkrad aussahen oder wie rührend er nackt wirkte. Jedesmal wieder wälzte sie sich begeistert in ihren Liebesgefühlen wie ein Pferd auf einer Frühlingswiese, sie stand am nächsten Tag bei dem Geliebten vor der Tür, ihre gesamte Habe in ein paar Plastiktüten gestopft, und bot romantische Liebe an wie andere Zeitschriftenabonnements. Bisher hatten alle Männer Fanny geschmeichelt die Tür geöffnet und sie in ihr Leben hereingelassen. Alle. Fanny war so hingebungsvoll, so begeisterungsfähig, so rückhaltlos. Aber sie forderte auch rückhaltlose Gefühle. Und wenn sie sie nicht bekam, wurde sie anstrengend. Dann zerrte sie wütend an der Seele ihres Geliebten wie ein Hund an seiner Beute, nie mochte sie glauben, daß dort vielleicht gar nicht so viel verborgen war, wie sie angenommen hatte. Sie gab erst auf, wenn sie vollkommen erschöpft war, wenn nichts mehr da war, in das sie ihre Zähne schlagen konnte, nur noch matte, pappige Wiederholung. Dann verliebte sie sich in den nächsten, packte ihre Plastiktüten und verschwand.

Klaus begriff erst Tage später, daß sie wirklich fort war, denn sie war mit ihren Tüten aus der Tür gegangen, als wolle sie nur schnell den Abfall hinunterbringen.

Als die Tür ins Schloß fiel, atmete er auf. Er war es leid, ständig lieben zu sollen. Er wollte in Ruhe dasitzen, aus dem Fenster schauen, ein Buch lesen, schweigen.

Paul war das vollkommene Gegenstück zu Klaus. Während Klaus Fanny immer vorgekommen war wie ein Stier (nicht nur wegen seines Sternzeichens), erinnerte Paul sie an eine Giraffe. Er war blond, zart und bleich, heimlicher Dichter und Volvofahrer.

Zum Broterwerb arbeitete Paul für die Hörfunkreihe »Kultur«, Fanny war Tontechnikerin bei demselben Sender. Durch die Glasscheibe im Studio hatten sie sich monatelang beäugt wie Fische in zwei angrenzenden Aquarien. Ihre Stimmen drangen durch die Mikrofone, als gehörten sie nicht zu ihnen, das machte sie mutig. Bald flüsterten sie sich ihre Arbeitsanweisungen zu wie Liebkosungen, Sätze wie »Könnte ich von Ihnen bitte eine Sprechprobe haben?« und »Können Sie den Versprecher vielleicht rausschneiden?« klangen in ihren Ohren wie ein Versprechen wilder Leidenschaft.

Als sie dies dann das erste Mal einzulösen versuchten, erschrak Fanny über Pauls zerbrechlichen Kinderkörper und er über ihre Masse. Während Klaus Häuser im Landhausstil in den Münchner Vororten verkaufte, lagen Paul und Fanny in seinem Bett, in seiner Wohnung. Es fiel Fanny schwer, sich nach Klaus an Pauls dünnen Körper zu gewöhnen, ihre Bewegungen fielen immer etwas zu groß und weiträumig aus, sie war erstaunt, wie weit sie ihre Arme um seinen knochigen Rücken schlingen konnte. Sie flüsterten etwas von Liebe, aber ohne Mikrofone klangen ihre Stimmen seltsam flach. Als sie sich wieder anzogen und Paul nackt vor ihr stand, fand sie ihn plötzlich erschreckend häßlich. Er sah aus wie ein halb verhungerter Vogel, das T-Shirt, das er sich überstreifte, hätte einem Sechsjährigen gepaßt, er grinste sie schüchtern an, hielt seine Unterhose in der Hand und schlenkerte sie hin und her. Fanny erschrak über seinen Anblick so sehr, daß ihre ganze Liebe zu ihm aus ihr entwich wie die Luft aus einem Luftballon. Sie hörte förmlich, wie es pfffffffft machte. Aber da sie Paul zu ihrem Befreier von Klaus auserkoren hatte und sie jetzt nicht plötzlich das Stück umschreiben und sich eine neue Besetzung für die Rolle des edlen Ritters suchen konnte, sprang sie auf Paul zu und überschüttete ihn mit Liebesschwüren, schmiegte sich an ihn, schnurrte und ließ sich liebkosen, bis sie endlich wieder etwas für ihn empfand.

Eine Woche später verließ Fanny Klaus' Wohnung, stieg samt ihrer Plastiktüten in Pauls Volvo, und er fuhr mit ihr davon. Nicht besonders weit allerdings. Fanny hätte Pauls Automarke vielleicht ein bißchen mehr Beachtung schenken sollen. Klaus fuhr BMW. Das paßte zu ihm. Sportlich, eine Spur angeberisch, potent. Und Paul einen alten Volvo. Er war eben ein vorsichtiger Mensch. Während Fanny noch seine schlanken, weißen Hände auf dem Steuerrad bewunderte (wie drei Jahre zuvor Klaus' kräftige Pranken auf einem anderen Steuerrad), da hielt Paul vor einer Pension.

»Ich kann mir vorstellen, daß ich vielleicht irgendwann auch mit dir zusammenleben möchte«, sagte Paul, »aber nicht jetzt.«

Das war neu für Fanny. Sie verstand nicht, wie man denn nicht Tag und Nacht zusammensein wollte, wenn man schon ineinander verliebt war.

»Verstehe«, sagte sie schwach.

Das Zimmer in der Pension war groß und hübsch, eine rosa Nelke stand auf dem Tisch, auf einem riesigen Bild über dem Bett tummelten sich nackte, mit Blumenkränzen behängte Kinder um einen Weiher. Zum ersten Mal seit ihrem Auszug aus dem Elternhaus mit neunzehn Jahren war Fanny Finck allein. Sie kaufte sich sofort einen tragbaren Fernseher, um der Einsamkeit zuvorzukommen, und sagte mehrmals laut in den Raum, als sie abends, die Fernbedienung in der Hand, auf dem Bett lag und von einem Kanal zum nächsten schaltete: »Endlich allein.«

Es überfiel sie sogar eine gewisse Euphorie. Jahrelang hatte sie all die tapferen Frauen in den Büchern von Doris Lessing, Jean Rhys, Ingeborg Bachmann und Marguerite Duras bewundert und beneidet, jetzt war sie eine von ihnen. So etwa bis zehn, elf Uhr abends. Dann war ihre Kraft erschöpft, und sie rief Paul an.

»Ich wollte nur hören, wie's dir geht.«

»Geht so. Was machst du?« fragte er zurück.

»Warum interessiert dich das?« sagte Fanny und seufzte ein bißchen.

»Was ist los?«

»Nichts ist los.«

»Ich höre doch, daß du was hast«, sagte Paul.

»Nein«, sagte sie, »es geht mir gut.«

»Warum sagst du mir nicht die Wahrheit?«

»Ach«, stöhnte Fanny, und ihre Stimme zitterte ein bißchen, »es macht mich traurig, daß alles immer so schön anfängt und so häßlich endet.«

»Es ist seltsam«, sagte Paul, »ich lerne Frauen immer dann kennen, wenn es ihnen schlecht geht. Und wenn es ihnen wieder besser geht, verlassen sie mich.«

»Ich nicht«, sagte Fanny.

Stumm schlenderten sie durch die nassen Straßen, die Sommerblätter an den Bäumen glänzten fettig im Neonlicht, Paul trug dünne Lederstiefeletten, die ihm etwas Verschrobenes gaben. Als er in seine Straße einbog, anstatt Fanny zuerst bei ihrer Pension abzuladen, dachte sie schon, sie habe gewonnen.

»Willst du heute nacht bei mir bleiben?« fragte Paul und sah sie dabei nicht an.

»Wie du willst«, sagte Fanny, um nicht zu bedürftig zu erscheinen, und lächelte ihn sanft an.

»Nein, wie du willst.« Er lächelte zurück. O Gott,

dachte Fanny, warum nimmt er mich nicht einfach mit, warum zwingt er mich, mich zum Narren zu machen?

»Du mußt mir schon sagen, was du willst«, sagte Paul.

Fanny sah auf ihren roten Seidenrock, den Klaus ihr geschenkt hatte, als sie zusammen in Verona waren. Warum nur habe ich Klaus verlassen, dachte sie und konnte sich im Moment nicht mehr dran erinnern.

»Ich glaube«, sagte sie schließlich, »daß du eigentlich lieber allein wärst.«

»Woher willst du das wissen?«

»Doch, doch«, sagte Fanny und versuchte, klug und gelassen auszusehen, »du möchtest eigentlich viel lieber allein sein.«

»Na ja«, sagte Paul, »ich könnte dann noch mein Feature über den russischen Film fertigschreiben.«

»Siehst du«, sagte sie.

»Ich liebe dich«, sagte er.

Als Paul in seinem Haus verschwunden war, setzte sie sich auf einen Mauervorsprung und heulte vor Wut. War es denn so unmöglich, einfach und gemütlich geliebt zu werden? Fanny bot sich doch dafür an wie ein großes, weiches Sofakissen.

»Du Idiot! Du verdammter Idiot!« schrie sie zu Pauls erleuchtetem Fenster hinauf. Eine kleine, alte Frau mit Hund kam vorbei, die sie nicht weiter beachtete. Der Hund schnüffelte gleichgültig an Fannys Schuhen, als ein nachtblauer BMW-Cabrio um die Ecke bog und ganz langsam die Straße entlangfuhr. Ein blauer BMW, wie Klaus ihn hat, dachte Fanny und sehnte sich nach Klaus wie nach einem alten, löchrigen, aber bequemen Pullover. Erst als das Auto schon fast an ihr vorbeigefahren war, erkannte sie ihn. Er sah nicht zu Fanny, sondern zur gegenüberliegenden Straßenseite, er preßte sich dicht an die Scheibe, um zu Pauls Wohnung hochzusehen. Fanny wagte kaum zu atmen vor Anspannung. Sie drückte sich in einen Hauseingang und wartete. Dreimal noch fuhr Klaus um den Block und wieder die Straße entlang, ganz langsam an Pauls Wohnung vorbei, in der er sicherlich auch Fanny vermutete. Fanny konnte Klaus' Gesicht nicht erkennen, nur sein eckiges Profil, seine breiten Schultern. Sie stellte sich vor, wie Klaus mit einem Beil in der Hand in Pauls Wohnung einbrechen würde, um beide, Paul und Fanny, zu erschlagen. Nein, nicht sie, nur Paul. Natürlich nur Paul. Sie gehörten doch zusammen, Klaus und Fanny, Fanny und Klaus. O Gott, stöhnte Fanny, warum besteht das Gehirn so lange auf dem gewohnten Zeug? Wie ein kleines, nervtötendes Kind. Warum? Warum ist es nicht mehr so, wie es mal war? Warum, warum?

Oben in seiner Wohnung setzte Paul sich gerade an seinen Schreibtisch. Seine blonden Haare leuchteten im Schein der Schreibtischlampe. Er beugte sich über seine Schreibmaschine.

Lange stand Fanny noch da. Sie hoffte und fürchtete gleichzeitig, Klaus möge noch einmal vorbeikommen. Sie wäre dann zu ihm ins Auto gestiegen, als wäre nie etwas geschehen.

In einer Kneipe betrank sie sich innerhalb einer halben Stunde mit Wodka-Tonic.

Zurück in ihrer Pension kam sie sich vor wie die Hauptdarstellerin in einem tschechischen Film, Verzweiflung in Schwarzweiß.

Zum ersten Mal in ihrem Leben ließ der Schlaf sie im Stich. Schon ganz früh, als Schulkind, hatte sie ein Stillhalteabkommen mit der Welt geschlossen, indem sie einfach so viel wie möglich von ihr verschlief.

»Du verschläfst ja dein halbes Leben!« hatte ihre Mutter immer gerufen und energisch die Vorhänge aufgerissen.

»Ich muß«, hätte Fanny ihr gern erklärt, »nur so kann ich diese beschissene Welt ertragen.« Im Schlaf fühlte sie sich nie allein. Im Schlaf war ihr Leben angenehm, bunt und interessant. Und ausgerechnet jetzt ließ der Schlaf, ihr alter Verbündeter, sie im Stich. Er kam nur noch als dünner Schleier, der sie nicht von sich selbst erlöste wie sonst, sondern ihr ihre schlimmsten Kindheitsfantasien immer wieder vorspielte. Alle Menschen um sie herum starben, zuerst ihre Eltern, dann ihre Geschwister, ihre Tanten und Onkel, Klaus, immer wieder Klaus, die Leute in dem Haus, in dem sie mit Klaus gewohnt hatte, die Gemüsefrau an der Ecke, ihre beste Freundin, die Bauarbeiter von gegenüber, ihre alte Lehrerin Frau Miel, ihre verflossenen Liebhaber, Paul, alle, die sie kannte, und schließlich die ganze Stadt, die ganze Menschheit. Sie ließen Fanny kaltlächelnd zurück, sie war die einzige, die übrigblieb. Allein auf der Welt. Von ihrem eigenen Weinen wachte sie meist auf und hörte sich verwundert zu, wie sie so heftig schluchzte, daß ihr davon schon die Kehle rauh und das Kopfkissen naß war.

Paul erkannte in ihrem Alptraum ihren Trennungsschmerz von Klaus. Wie ungemein klug, dachte Fanny und sah ihm zu, wie er redete und redete, wie er sich die Haare mit seinen langen, dünnen Fingern aus dem Gesicht strich, sie beobachtete seinen Mund, sie konzentrierte sich darauf, wie sich seine Lippen öffneten und schlossen, wie die Zunge zwischen sie fuhr, sie befeuchtete und wieder verschwand in der dunklen Mundhöhle. Schließlich stand sie auf, legte ihre Arme um seinen Hals, küßte ihn leicht, knöpfte sein Hemd auf, fuhr ihm durch die spärlichen Brusthaare, strich ihm spielerisch über die Schenkel. Sie knabberte an seinem Ohr und legte seine Hände auf ihre Brust. Er sah sie nachsichtig an wie ein Kind, das zum hundertsten Mal das gleiche Spiel spielen will.

»Warum liest du nicht lieber ein gutes Buch?« fragte er und nahm ihre Arme von sich, als nehme er einen Schal ab. Sie las eine Menge guter Bücher in dieser Zeit. Manchmal konnten sie sie davon überzeugen, daß sie doch genau das Leben führte, von dem sie immer geträumt hatte: allein in einem Hotelzimmer, unabhängig, frei, ein gutes Buch, das Nachmittagskonzert im Radio, ein Stück Erdbeerkuchen mit Sahne, Schnee und dunkle Kälte vor dem Fenster. Genau dahin, wo sie jetzt war, hatte sie sich doch immer hingeträumt, wenn sie sich von all ihren Männern zu wenig – oder falsch – geliebt fühlte. Aber jetzt empfand sie die so oft ersehnte Insel nur als einsam und öd. Sie kam nicht dahinter, warum in den Romanen Frauen allein in Hotelzimmern immer so romantisch wirkten, so beneidenswert selbstbewußt und edel. Fanny fühlte sich allein nur unattraktiv und irgendwie nicht ganz existent. Wie eine Seifenblase, die jeden Moment zerplatzen konnte.

Das alles war nur Pauls Schuld.

»Du liebst mich nicht«, schrie sie ihn an.

»Doch«, antwortete er ruhig, »bloß nicht so, wie du es gewohnt bist. Du glaubst nur demjenigen, der dir Gewalt antut. Du willst das große Drama mit Blut und Tränen.«

»Blödsinn. Nur ein bißchen mehr Leidenschaft.«

»Die Leiden schafft«, sagte er. Wenn sie seine Teller an die Wand warf, addierte er nur leise lächelnd den Preis. Sie hätte ihn gern geschlagen, einen Funken Leidenschaft aus ihm herausgeprügelt, einen Hauch Wahnsinn nur, eine Spur von Gefahr. Aber er, da war sie sicher, würde nicht zurückschlagen. Vor Klaus hatte sie sich gefürchtet und ihn gleichzeitig immer wieder so lange gereizt, bis er zuschlug. Sie prügelten sich in regelmäßigen Abständen, und wenn sie sich dann versöhnten, weinte Fanny zum Steinerweichen und fühlte sich hinterher wie neugeboren. Über die Jahre brauchte es dazu allerdings immer härtere Kämpfe und immer mehr Tränen, und manchmal dachte Fanny gelangweilt, während sie noch schluchzte und sich die blauen Flecken rieb, wie lange muß ich jetzt noch heulen, bis endlich alles wieder gut ist.

»Was willst du bloß von mir?« fragte Klaus.
»Daß du mich liebst«, antwortete sie.

»Mit Liebe hat das alles nichts zu tun«, sagte Paul und fegte die Krümel auf dem Tisch zu einem kleinen Häufchen zusammen, nahm ein Stück Papier, schob es sorgfältig unter die Krümel und trug es zum Abfalleimer.

In ihren schlaflosen Nächten beobachtete sie Paul von der gegenüberliegenden Straßenseite aus, wie er an seinem Schreibtisch saß, die blonden Haare im Schein der Lampe fast weiß, tief vornüber gebeugt, in seine Arbeit versunken, völlig geborgen in seiner Einsamkeit. Beneidenswert, romantisch allein, so wie die Romanfiguren. Sie begann ihn dafür zu hassen, daß sie darunter litt, allein zu sein.

Wenn er seine Artikel und Kritiken im Funk vorlas, schaltete sie das Studiomikrofon aus und überschüttete ihn mit Verwünschungen. Dabei lächelte sie ihm durch die Glasscheibe zu, und er lächelte arglos zurück. Sie zwang ihn, indem sie technische Schwierigkeiten vortäuschte, seinen Artikel drei, vier-, fünfmal zu lesen. Wenn er sich verhedderte und wieder von vorne anfangen mußte, wies sie ihn darauf hin, daß die gebuchte Studiozeit bald ablief und er seinen Beitrag leider nicht pünktlich würde abliefern können. Sie hoffte, betete, flehte, er möge einmal wütend werden, einmal die Kontrolle verlieren, einmal leidenschaftlich werden, aber es geschah nichts. Er räusperte sich nur, mahnte sie freundlich, doch nicht nervös zu werden, kratzte sich mit dem Stift am Kopf, daß es durchs Mikrofon donnerte wie ein Gewitter, und fing von vorne an. In der Rundfunkkantine eröffnete er ihr, während er ein Viertel Schnitzel und ein Salatblatt zu Mittag aß (mir sind Menschen, die nie hungrig sind, unsympathisch, dachte Fanny), daß er übers Wochenende nach London fliege, um über eine Ausstellung der deutschen Expressionisten zu berichten.

»Du könntest mitkommen«, sagte er. Sie schwieg verstockt. Sie wollte keine Angebote im Konditional.

»Aber vielleicht hast du ja schon anderweitige Pläne«, fuhr er fort. Du Idiot, dachte sie, schnapp mich doch einfach und nimm mich mit, nimm mich doch einfach mit! Sie schwiegen beide. Dann stand er auf und nahm sein Tablett. »Ich schätze, ich sehe dich dann am Montag«, sagte er.

»Ja«, stotterte sie, »wenn du mir früher etwas von der Reise gesagt hättest ... aber ich habe schon so viele Verabredungen ...«

»Na ja, dann vielleicht ein andermal«, sagte er.

»Ißt du dein Schnitzel nicht mehr?« fragte sie. Erstaunt sah er auf sein Tablett.

»Du hast recht, wäre jammerschade drum«, sagte er, gab ihr den Teller, winkte noch einmal und verschwand. Ich hasse ihn, dachte Fanny.

Später rief sie ihn an und erbot sich, ihn zum Flughafen zu fahren.

Auf dem Weg dorthin erzählte er ihr den jüdischen Witz von dem Mann, der eine Geliebte hat und, als seine Frau dahinterkommt, sich damit entschuldigt, daß schließlich jeder Mann im Ort eine Geliebte habe, und er sehe sie ja auch nur zweimal im Jahr, denn sie sei – wie die Geliebten der anderen Männer auch – Tänzerin in der Ballettgruppe, die zweimal im Jahr am Ort zu gastieren pflegte. Seine Frau besteht darauf, das nächste Mal mit ihrem Mann ins Ballett zu gehen. Sie mustert alle Tänzerinnen eingehend, dann fragt sie ihren Mann: »Wer ist die zweite von links?«

»Das ist die Geliebte vom Bäcker.«

»Und die dritte von rechts?«

»Die vom Arzt.«

»Und die in der Mitte?«

»Die Geliebte vom Lehrer.«

»Und wer ist die ganz außen?«

»Das … das … na ja … das ist meine.«

Seine Frau schweigt einen Moment, dann sagt sie aufatmend: »Unsere ist die schönste.«

Warum, dachte Fanny, während sie lachte, erzählt er mir ausgerechnet diesen Witz?

Bis zum letzten Augenblick, bis Paul schließlich durch die Paßkontrolle verschwand, glaubte sie, er würde irgendwann ein zweites Ticket aus der Tasche ziehen, und sie sah sich bereits lächeln und ihm um den Hals fallen. Verloren stand sie in der Abflughalle herum, dann rief sie Klaus an.

»Ja?« sagte er knapp. Bei dem Klang seiner Stimme, bei diesem winzigen Wort »ja?« fiel ihr mit einer solchen Macht ihr ganzes Unglück mit ihm wieder ein, wie sonst nur ein Geruch Erinnerungen zurückbringen kann.

Sie legte so schnell auf, als hätte sie sich am Telefonhörer die Hand verbrannt.

Sie setzte sich an die Flughafenbar »Take Off« und trank drei Cognac. Neben ihr saß ein stämmiger, dunkelhaariger Mann Mitte Dreißig, der sie stark an Klaus erinnerte, aber eben nicht Klaus war.

Er hieß Xaver, war Modedesigner und wartete auf einen Geschäftspartner aus Mailand. Als der Flug aus Mailand wegen Nebel nach Frankfurt umgeleitet wurde, fuhr Fanny mit ihm zurück in die Stadt und ging mit ihm ins Bett.

Als Paul am Montag aus London zurückkehrte, war sie verliebt und hatte bereits ihre Sachen aus der Pension in Xavers Wohnung gebracht.

Als sie abends neben Xaver im Bett lag, schloß sie die Augen und sah eine Frau in einem Hotelzimmer allein auf dem Bett liegen, eine Frau mit rostroten Haaren in einem hellblauen Bademantel, sie las ein Buch, im Radio gab es das Klassikkonzert am Nachmittag, neben ihr auf dem Nachttisch stand ein Teller mit Erdbeerkuchen.

»Beneidenswert«, dachte Fanny. Dann schlief sie ein.

Julio Ramón Ribeyro

NÄCHTLICHES ABENTEUER

Mit seinen vierzig Jahren konnte Aristides sich mit vollem Recht als ein »vom Fest des Lebens Ausgeschlossener« betrachten. Er hatte weder eine Ehefrau noch eine Geliebte, arbeitete im Kellergeschoß des Rathauses, wo er Standesamtsurkunden registrierte, und lebte in einer winzigen Wohnung in der Avenida Larco, die voller schmutziger Sachen, kaputter Möbel und Künstlerfotos war, die er mit Stecknadeln an der Wand befestigt hatte. Seine alten Freunde, die jetzt verheiratet waren und im Wohlstand lebten, fuhren in ihren Autos vorbei, wenn er in der Warteschlange an der Omnibushaltestelle stand, und wenn sie zufällig an irgendeinem öffentlichen Ort mit ihm zusammentrafen, beschränkten sie sich auf einen raschen Händedruck, in den sich eine gewisse Dosis Verachtung mischte. Denn Aristides war nicht nur das moralische Abbild des Scheiterns, sondern das physische Symbol der Selbstaufgabe: er war schlecht gekleidet, rasierte sich ohne Sorgfalt und roch nach billigem Essen, nach elender Kneipe.

So war Aristides, ohne Beziehungen und ohne Erinnerungen, der obligate Kunde der Vorstadtkinos und ideale Benutzer der öffentlichen Bänke. In den Kinosälen fühlte er sich geschützt vor dem hellen Tageslicht, wie in einem Versteck und zugleich umgeben von der Legion aus Schatten, die um ihn herum lachten oder weinten. In den Parks konnte er Gespräche mit den Alten, mit Krüppeln oder armen Teufeln anknüpfen und sich so jener immensen Familie von Menschen zugehörig fühlen, die, wie er, das unsichtbare Abzeichen der Einsamkeit im Knopfloch trugen.

Eines Abends wurde Aristides seiner bevorzugten Orte abtrünnig und lenkte seine Schritte ohne Ziel durch die Straßen von Miraflores. Er lief die ganze Avenida Pardo entlang, gelangte zum Uferdamm, folgte der Küstenstraße, umrundete die Kaserne San Martín, lief durch die Straßen, die immer einsamer wurden, durch Viertel, die kaum erst im Entstehen waren und vielleicht nicht einmal ein einziges Begräbnis erlebt hatten. Er kam an einer Kirche vorbei, an einem im Bau befindlichen Kino, ging erneut an der Kirche vorbei und verirrte sich schließlich. Kurz nach Mitternacht irrte er durch ein unbekanntes Neubaugebiet, wo gerade mit dem Bau der ersten Appartementhäuser des Badeortes begonnen worden war.

Ein Café, dessen riesige, mit Tischen vollgestellte Terrasse menschenleer war, weckte seine Aufmerksamkeit. Er blieb unvermittelt stehen, klebte seine Nase an die Glastür und schaute ins Innere. Die Uhr zeigte ein Uhr morgens. Nicht ein einziger Kunde war zu sehen.

Nur hinter der Theke, neben der Kasse, konnte er eine dicke Frau erkennen, mit einem Pelzkragen, die eine Zigarette rauchte und zerstreut in einer Zeitung blätterte. Die Frau hob den Blick und betrachtete ihn mit einem Ausdruck zurückhaltenden Wohlgefallens. Völlig verwirrt setzte Aristides seinen Weg fort.

Hundert Schritte weiter blieb er stehen und schaute um sich: Die modernen Gebäude schliefen einen tiefen, geschichtslosen Schlaf. Aristides hatte das Gefühl, Neuland zu betreten, sich mit einer neuen Landschaft zu bekleiden, die an sein Herz rührte und ihn mit unbesiegbarem Elan erfüllte. Er machte kehrt und näherte sich vorsichtig dem Café. Die Frau saß noch immer da, und als sie ihn erblickte, setzte sie wieder ihr zartes Lächeln auf.

Aristides entfernte sich überstürzt, hielt auf halbem Wege inne, zögerte, kehrte um, spähte neuerlich durch die Scheibe, stieß schließlich die Glastür auf, ging hinein und wagte sich bis zu einem roten Tischchen, wo er reglos sitzen blieb, ohne den Blick zu heben.

Dort wartete er einen Augenblick, ohne recht zu wissen worauf, und beobachtete eine flügellose Fliege, die sich mühsam auf den Abgrund zu schleppte. Dann, ohne das Zittern seiner Beine unterdrücken zu können, riskierte er schüchtern einen Blick: Die Frau betrachtete ihn über ihre Zeitung hinweg. Ein Gähnen unterdrückend, ließ sie eine tiefe, etwas männliche Stimme vernehmen:

»Die Kellner sind schon weg, mein Herr.«

Aristides nahm den Satz auf und verwahrte ihn in

seinem Innern, von heftiger Freude erfaßt: Eine Unbekannte hatte in der Nacht zu ihm gesprochen. Aber sogleich begriff er, daß dieser Satz eine Aufforderung zum Gehen war. Plötzlich verwirrt, stand er auf.

»Aber ich kann Sie bedienen, was wünschen Sie?« Die Frau kam auf ihn zu, mit einem etwas schwerfälligen Gang, dem man eine gewisse Würde nicht absprechen konnte.

Aristides setzte sich wieder hin.

»Einen Kaffee. Nur einen Kaffee.«

Die Frau hatte den Tisch erreicht und stützte eine rundliche, reich beringte Hand auf den Rand.

»Die Maschine ist schon abgeschaltet. Ich kann Ihnen einen Schnaps bringen.«

»Dann ein Bier.«

Die Frau ging zur Bar zurück. Aristides nutzte die Gelegenheit und musterte sie. Kein Zweifel, daß sie die Besitzerin war. Nach dem Lokal zu urteilen mußte sie viel Geld haben. Mit einer raschen Bewegung rückte er seine alte Krawatte zurecht und strich sich die Haare glatt. Die Frau kam zurück. Außer dem Bier brachte sie eine Flasche Cognac und ein Glas.

»Ich werde Ihnen Gesellschaft leisten«, sagte sie, während sie sich neben ihn setzte. »Ich habe die Angewohnheit, immer etwas mit dem letzten Kunden zu trinken.«

Aristides dankte mit einer Verbeugung. Die Frau zündete eine Zigarette an.

»Eine schöne Nacht«, sagte sie. »Gehen Sie gern spazieren? Ich bin eine kleine Nachtschwärmerin. Aber in diesem Viertel gehen die Leute früh schlafen, und nach Mitternacht bin ich ganz allein.«

»Das ist ein bißchen traurig«, stotterte Aristides.

»Ich wohne im Stockwerk über dem Café.« Ihre Hand wies auf eine Tür tief im hinteren Teil des Lokals. »Um zwei Uhr sperre ich die Glastüren zu und gehe schlafen.«

Aristides wagte einen Blick in ihr Gesicht. Die Frau blies den Rauch elegant aus und schaute ihn lächelnd an. Die Situation erschien ihm erregend. Gern hätte er seinen Verzehr bezahlt, um hinauszustürzen, den ersten Passanten am Arm zu fassen und ihm diese wunderbare Geschichte einer Frau zu erzählen, die ihm mitten in der Nacht beunruhigende Avancen machte. Aber die Frau hatte sich schon erhoben.

»Haben Sie vielleicht einen Sol? Ich werde eine Platte auflegen.«

Aristides streckte ihr hastig seine Münze entgegen.

Die Frau legte sanfte Musik auf und kam zurück. Aristides schaute auf die Straße: kein Schatten war zu sehen. Ermutigt durch diese Beobachtung, forderte er sie in einem plötzlichen Anfall von Mut zum Tanzen auf.

»Mit Vergnügen«, sagte die Frau, ließ ihre Zigarette auf dem Tischrand liegen und legte ihren Pelzkragen ab, unter dem welke, mit Leberflecken übersäte Schultern zum Vorschein kamen.

Erst als er sie um die Taille gefaßt hielt – die steif und starr war unter seiner unerfahrenen Hand –, wurde Aristides bewußt, daß er einen der Träume seines armen Junggesellenlebens verwirklichte: ein Abenteuer mit einer Frau zu haben. Daß sie alt war und dick, war völlig unwichtig dabei. Seine Phantasie würde sie schon all ihrer Mängel entkleiden. Während sich um ihn herum die Regale mit den Flaschen drehten, versöhnte sich Aristides mit dem Leben und verspottete seinen Doppelgänger, jenen anderen Aristides, der schon weit weg und vergessen war, der eine Woche lang vor Freude zitterte, nur weil ein Unbekannter auf ihn zugetreten war und ihn nach der Uhrzeit gefragt hatte.

Als der Tanz zu Ende war, kehrten sie zum Tisch zurück. Dort unterhielten sie sich eine Weile. Die Frau lud ihn zu einem Glas Cognac ein. Aristides nahm sogar eine Zigarette an.

»Ich rauche nie«, sagte er. »Aber jetzt tu ich's, ich weiß nicht, warum.« Sein Satz kam ihm banal vor. Die Frau hatte laut aufgelacht.

Aristides schlug noch einen Tanz vor.

»Ich werde vorher die Rolläden runterlassen«, sagte die Frau und ging auf die Terrasse zu.

Sie tanzten ein weiteres Mal. Aristides bemerkte, daß die Uhr an der Wand schon später als zwei Uhr anzeigte. Dennoch machte die Frau keine Anstalten, sich zurückzuziehen. Dies erschien ihm als ein gutes Omen, und er lud sie seinerseits zu einem Cognac ein. Er fühlte ein wenig Stolz aufsteigen. Er stellte ihr indiskrete Fragen, um eine intime Atmosphäre zu schaffen. Er erfuhr, daß sie allein lebte, daß sie von ihrem Mann getrennt war. Er hielt ihre Hand gefaßt.

»Gut«, sagte die Besitzerin und erhob sich. »Es ist Zeit, das Café zu schließen.«

Ein Gähnen unterdrückend, begab sie sich zur Tür.

»Ich bleibe«, sagte Aristides, mit einem gebieterischen Ton, der ihn überraschte.

Die Frau wandte sich auf halbem Wege um:

»Na klar. Abgemacht.« Und ging weiter.

Aristides zupfte die Manschetten seines Hemdes hervor, versteckte sie wieder, weil sie zerfranst waren, goß sich ein weiteres Glas ein, zündete sich eine Zigarette an, drückte sie aus, zündete sie wieder an. Vom Tisch aus beobachtete er die Frau, und die Langsamkeit ihrer Bewegungen machte ihn ungeduldig. Er sah, wie sie ein Glas nahm und es zur Theke trug. Dann tat sie das gleiche mit einem Aschenbecher, mit einer Tasse. Als alle Tische abgeräumt waren, verspürte er eine gewaltige Erleichterung. Dann ging die Frau zur Tür, und anstatt sie zuzusperren, blieb sie stehen, reglos an den Türrahmen gelehnt, und sah auf die Straße hinaus.

»Was ist?« fragte Aristides.

»Die Tische der Terrasse müssen reingeholt werden.«

Aristides erhob sich und fluchte zwischen den Zähnen. Sich mit Gleichmut wappnend, ging er auf die Tür zu und sagte:

»Das ist Männersache.«

Als er auf die Terrasse trat, erschrak er: da waren etwa dreißig Tische mit ihren jeweiligen Stühlen und ihrem Aschenbecher. Im Geist überschlug er, daß das Einräumen eine Viertelstunde dauern würde.

»Wenn wir sie draußen lassen, werden sie gestohlen«, bemerkte die Hausherrin.

Aristides begann mit seiner Arbeit. Zuerst sammelte

er alle Aschenbecher ein. Dann begann er mit den Stühlen.

»Aber nicht so unordentlich!« protestierte die Frau. »Sie müssen richtig aufgestapelt werden, damit der Kellner sie morgen saubermachen kann.«

Aristides gehorchte. Nach der Hälfte der Arbeit schwitzte er gewaltig. Er räumte die Tische hinein, die aus Eisen und schwer wie Pferde waren. Die Besitzerin, noch immer in der Tür, schaute ihm mit zärtlicher Miene bei der Arbeit zu. Ab und zu, wenn er schnaufend an ihr vorbeiging, streckte sie die Hand aus und strich ihm übers Haar. Diese Geste machte Aristides schließlich wieder Mut, gab sie ihm doch die Illusion, der Ehemann zu sein, der seine ehelichen Pflichten erfüllte, um hinterher in den Genuß seiner Rechte zu kommen.

»Ich kann nicht mehr«, klagte er, als er sah, daß die Terrasse noch immer voller Tische war, als vervielfachten sie sich durch irgendeinen Zauber.

»Ich hab' dich für stärker gehalten«, antwortete die Frau ironisch. Aristides schaute ihr in die Augen.

»Mut, es fehlt ja nicht mehr viel«, setzte sie mit einem Augenzwinkern hinzu.

Nach einer halben Stunde hatte Aristides die Terrasse leergeräumt. Er holte sein Taschentuch hervor und wischte sich den Schweiß ab. Er fragte sich, ob eine solche Anstrengung nicht vielleicht seine Männlichkeit gefährden könnte. Aber zum Glück stand ihm ja die ganze Bar zur Verfügung, und ein guter Schluck würde ihn wieder zu Kräften bringen. Er schickte sich an, das Café zu betreten, als die Frau ihn zurückhielt: »Und meine Blumenschale? Willst du sie draußen lassen?«

Es fehlte noch die Blumenschale. Aristides betrachtete das gigantische Ding am Eingang der Terrasse, auf dem eine gemeine Geranie vor sich hin dorrte. Er wappnete sich mit Mut, ging darauf zu und hob es in die Höhe. Von der Anstrengung gekrümmt, ging er auf die Tür zu, und als er den Kopf hob, bemerkte er, daß die Frau sie gerade zugesperrt hatte. Hinter dem Glas schaute sie ihn an, ohne ihre freundliche Miene abzusetzen.

»Mach auf!« flötete Aristides.

Die Hausherrin machte eine verneinende, anmutige Bewegung mit dem Finger.

»Mach auf! Siehst du nicht, daß ich zusammenklappe?«

Die Frau verneinte wieder.

»Bitte, mach auf, ich bin nicht zu Scherzen aufgelegt!«

Die Frau schob den Riegel vor, machte eine höfliche Verbeugung und kehrte ihm den Rücken zu. Aristides, noch immer die Blumenschale in den Händen, sah, wie sie sich müde entfernte, die Lichter löschte, die Gläser einsammelte und schließlich durch die Tür im rückwärtigen Teil verschwand. Als alles dunkel und still war, hob Aristides die Blumenschale über seinen Kopf und schmetterte sie auf den Boden. Das Klirren des zerbrechenden Tons brachte ihn wieder zu sich: in jeder Scherbe erkannte er ein Stück seiner zerbrochenen Illusion. Und er hatte das Gefühl einer entsetzlichen Scham, als hätte ein Hund das Bein gegen ihn erhoben.

Marie Luise Kaschnitz

APRIL

Eines Tages, aber es ist in diesem Fall wohl besser, das Datum zu nennen, es war der 1. April, stand der Blumenstrauß auf des unschönen Fräuleins Platz. Das unschöne Fräulein, wir werden es Brutta nennen, war zum Diktieren beim Direktor gewesen, dachte beim Zurückkommen, da ist doch etwas Fremdes, und nahm es schon wahr, die häßliche Bürovase und schief hineingelehnt das mit glänzendem und zugleich durchsichtigem Papier umwickelte Bukett, das bei näherer Betrachtung aus Tulpen, Narzissen, jungem Buchenlaub und Sumpfschwertlilien bestand. Ein goldenes Schildchen, rundum ausgezackt, hing an einem goldenen Faden, der Name des Blumenladens stand darauf. Ein Irrtum, natürlich, dachte Brutta, wer sollte ihr Blumen schicken, wer hätte ihr je Blumen geschickt. Einen Augenblick lang beugte sie sich über den Strauß, roch die herben und reinen Frühlingsgerüche, dann sah sie zu ihren Zimmergenossinnen hinüber, die aber ihre Köpfe auf die großen Büromaschinen gebeugt hielten. Es war drei Minuten vor zwölf Uhr, die Sonne schien ins Zimmer, der Preßluftbohrer auf der nahen Baustelle ratterte wie toll.

Wem gehört das? fragte Brutta, sie mußte ihre Frage dreimal wiederholen, die Freundinnen zuckten die Achseln und sahen sie geistesabwesend an. Dann hörte der Lärm plötzlich auf, Mittagspause, und nun schrien Fräulein Seifert und Frau Erbe überlaut: Von Herrn Zinn für Sie, von Herrn Zinn für Sie. Dabei lachten sie wie Kobolde, setzten auch hinzu: Dreimal hat er heute schon den Kopf zur Tür hineingestreckt, er hat Sie gesucht. Soviel hörte Brutta noch, dann lief sie weg, Mittagspause, ihre Brote steckten in der Manteltasche, sie lief in den Park.

Um von Bruttas Arbeitsstelle, einer Bank, in den Park zu gelangen, mußte man eine breite, sehr verkehrsreiche Straße überqueren. Brutta ging bis zur Ampel und wartete dort, bis das grüne Licht kam, und währenddessen sah sie in die Kronen der alten Kastanien hinauf, die noch nicht blühten, aber bald blühen würden, und später würden sie all ihre Kraft darauf verwenden, dichtes, dunkles Laub zu bekommen und mit dem Laub ihre Früchte vor den heißen Sonnenstrahlen und den Gewitterstürmen des Sommers zu beschützen. Neben Brutta warteten auch ein paar Schulkinder, die sich damit unterhielten, immer wieder auf den Knopf zu drücken, obwohl doch das rote Licht seine Zeit hat und das grüne Licht auch und der Knopf eigentlich ganz überflüssig ist. Als es schließlich so weit und die Straße frei war, nahm Brutta das kleinste der Kinder, einen Jungen mit stählerner Schielbrille, an die Hand und führte es über die Straße, was ihr sonst nie eingefallen wäre. Drüben, unter den andern, schon ein wenig weiter aufgeblühten Kastanien, riß sich der Junge los und lief weg, aber nun sah Brutta eine Bekannte vor sich hergehen und beeilte sich, an ihre Seite zu kommen. Sie fragte die Bekannte nach ihrem Mann und ihren Kindern, die ihr ganz gleichgültig waren, auch die Bekannte war ihr gleichgültig, und sie tat das alles nur, um nicht an den Blumenstrauß denken zu müssen und an Herrn Zinn, der ihr ebenfalls ganz gleichgültig war. Sie sah diesen Herrn Zinn aber trotzdem die ganze Zeit vor sich, er trat aus jeder Haustüre und bog um jede Straßenecke, und als Brutta endlich im Park und allein war, ging er sogar neben ihr her. Schließlich kam es so weit, daß er mit ihr auf einer Bank saß und sie ihren Kopf an seine Schulter lehnte. Aber das wird mir niemand glauben, der nicht weiß, wie lang eine Stunde sein kann, sechzig Minuten voll von Gedanken und Träumen, eine unermeßliche Zeit.

Zuerst freilich, als Brutta an dem kleinen von Schilf durchwachsenen Weiher vorbei und an den Gewächshäusern entlangging, war von solcher Intimität die Rede noch nicht. Brutta erinnerte sich daran, wie sie Herrn Zinn zum erstenmal gesehen und wie er sich ihr vorgestellt hatte, kühl, hochmütig, obwohl sie in dem Bankgeschäft viel mehr als eine Schreibkraft war. Das war im vergangenen Spätherbst gewesen, Schnee war bereits gefallen oder ein Gemisch aus Schnee und Regen, weswegen Brutta über ihren Filzhut eine Plastikhaube gezogen hatte, auf diese unkleidsame Hülle hatte Herr Zinn seinen Blick gerichtet, voll Widerwillen, wie ihr schien. Auch später hatte sie in seinen Zügen oft Widerwillen, mindestens Abneigung gelesen, er war einige Male, ohne sie zu grüßen, an ihr vorübergegangen, und einmal hatte er ihr, eines kleinen Versehens wegen, vor mehreren Mitarbeitern und sogar in Gegenwart des zweiten Direktors die heftigsten Vorwürfe gemacht. Als sie ihm eines Abends im Symphoniekonzert begegnet war, war es ihr vorgekommen, als ob er, von seinen eleganten Begleitern nach ihr gefragt, achselzuckend und verächtlich von ihr gesprochen habe, und während eines Betriebsausflugs hatte er, um im Autobus nicht neben ihr sitzen zu müssen, die lächerlichsten Ausflüchte gebraucht.

Alle diese kleinen Vorfälle rief Brutta sich ins Gedächtnis zurück, während sie an den Tulpenbeeten entlangging und dann durch den Rosengarten, der gerade neu angelegt worden war und in dem aus einem nierenförmigen Becken viele kleine und ein großer Wasserstrahl sprangen, und während Brutta sich auf diese Vorfälle besann, gewannen sie allmählich ein anderes Gesicht. Die Plastikhaube war in der Tat sehr häßlich gewesen, und Männer, die einen Korridor entlanggehen, mögen oft in Gedanken sein. Als Herr Zinn ihr die Szene gemacht hatte, war sie ihm wohl schon nicht mehr ganz gleichgültig gewesen, er hatte das nur nicht wahrhaben wollen. Aus demselben Grunde hatte er sie im Konzert verleugnet, während er auf dem Betriebsausflug einfach Angst gehabt hatte, neben ihr zu sitzen, nasse Hände zu bekommen und zu zittern unter ihrem erstaunten Blick. Er ist schüchtern, dachte Brutta, das gefällt mir, und hatte er nicht eigentlich eine angenehme Stimme, und war seine etwas lange Nase nicht hübsch geformt? Schüchternheit wirkt oft wie Hochmut: Stell dir vor, zuerst hab' ich dich für hochmütig gehalten. Hast du das, Liebe? Ja, das wundert mich nicht. – Und dann würde er von seiner Kindheit erzählen, einer traurigen Kindheit natürlich, alle sympathischen Männer haben eine traurige Kindheit gehabt. Auch keine Freunde? Nein, keine Freunde, keine richtigen wenigstens, aber jetzt habe ich dich. Aber ich bin doch nicht verliebt, dachte Brutta erstaunt und versuchte sich vorzustellen, wie Herr Zinn seinen Arm um sie legen würde, vielleicht schon heute abend, ja gewiß schon heute abend, wenn sie sich für die Blumen bedankt und er sie gefragt hatte, ob er sie nach Hause fahren dürfe. Er hatte natürlich einen Wagen, einen weißen sogar, in dem er schon oft, ohne Brutta zu beachten, an ihr vorübergefahren war. Nun, heute abend würde er um den Wagen herumgehen und die Türe für sie aufmachen, vielleicht machen wir noch einen kleinen Umweg, vielleicht gehen wir ein paar Schritte, es bleibt jetzt schon viel länger hell. Dann, beim Aussteigen am Waldrand, würde Herr Zinn sie an sich ziehen, aber vielleicht auch erst später, wenn sie durch die schon dämmerige Schneise gingen, sie mit einem Mann, der ihr immer gleichgültig gewesen war, aber jetzt sah sie ihn plötzlich anders, daß er sie liebte, machte ihn anders, machte ihn schön und gut.

Während Brutta unter der Blutbuche bei den Springbrunnen saß, sagte sie den Vornamen des Herrn Zinn, Walter, vor sich hin, was niemand hören konnte, weil die Wasserstrahlen im Niederfallen prasselten, ein starker Mittagswind hatte sich erhoben und zog ihr feuchte Schleier über das Gesicht. Bist du naß geworden? fragte Herr Zinn, ja, jetzt vor halb ein Uhr, saß er schon neben Brutta, zog sein Taschentuch heraus und trocknete damit die Tropfen auf ihren Wangen und auf ihrer Stirn. Wo werden wir wohnen? fragte Brutta, als sie aufgestanden waren und auf den hinteren Teil des Gartens zugingen, dorthin, wo um diese Zeit in langen Beeten die Tulpen blühten. Aber war es denn noch um diese Zeit? Schon öffneten sich die Kelche der Rosen, schon zeigten Rittersporn und Lupinen ihr hochsommerliches Blau. Herr Zinn schlug dieses und jenes vor, ein wenig außerhalb der Stadt gefiel es Brutta am besten, und schon hatten sie eine Wohnung am Stadtrand und traten ans Fenster, um über eine von Herbstzeitlosen bedeckte Wiese aufs Gebirge zu sehen. Als Brutta den Steingarten erreicht hatte und durch die rosa Erikastauden auf den andern, den großen Teich zuging, hatte sich Herrn Zinns Miene verfinstert, so gefiel er ihr noch besser, was hast du, Liebster (Liebster!), ach er war kein ewig sonniger Ehemann, er war schwermütig, oft umwölkten Sinnes, zerfallen mit der Welt.

Es war jetzt zwanzig Minuten vor ein Uhr, auf dem Teich schwammen die Entchen, die von den Einsamen gefüttert werden, und die Schwäne, die sich flügelschlagend den Hoffnungslosen nähern, um sie zu beißen, aber Brutta bissen sie nicht. Sie war keine Einsame, keine Entchenfütterin mehr, ihre Kinder, zwei Knaben, ruderten um die kleine Insel, dann wichen die Ufer des Teiches zurück. Ja, jetzt würden sie reisen, übers Meer fahren, die Welt ist zerfallen, aber wir haben eine neue erfunden, eine Ich-und-Du-Welt, in der niemand verlorengeht. Brutta saß wieder auf einer Bank, jetzt überstürzte sich alles, der Sommer überwältigte den Frühling, der Winter den Herbst, die Bäume knarrten und bogen sich, jetzt war Krieg, jetzt war wieder Frieden, jetzt wanderte sie mit Herrn Zinn und den Kindern schlecht beschuht und in zerrissenen Kleidern durch unwegsames Gelände, jetzt gingen sie schön angezogen über eine Promenade, die Kinder waren nicht mehr dabei. Brutta schloß die Augen, sie hatte eine Uhr in sich, die tickte und schlug wie die Blindenuhren alle fünf Minuten, um fünf Minuten vor eins muß ich den Park verlassen. Herr Zinn saß neben ihr und weinte, weil sie ihn nicht lieben wollte: Aber ich liebe dich doch, ich habe dich immer geliebt.

Als es ein Uhr schlug, diesmal vom Kirchturm, fuhr Brutta auf, nun hatte sie sich wirklich verspätet, Herr Zinn war verschwunden, und eben noch hatte sie ihn geküßt. Sie stand auf und lief durch die Drehtür, den Herrn Zinn gab es zweimal, einer war auf einer Bank am Meer zurückgeblieben, einer stand an seinem Bürofenster und blickte auf die Straße hinunter, um sie zurückkehren zu sehen, Brutta sah einen Mann dort stehen, als sie die Straße überquerte, sie konnte Herrn Zinn nicht erkennen, aber er mußte es doch sein, er wandte sich jetzt ab, wahrscheinlich um ihr entgegenzugehen. Wo warst du, hätten wir nicht zusammen essen können? Aber wir waren doch zusammen, wir waren es immer, wir werden es immer sein.

Brutta, als sie das Bankgebäude erreicht hatte, ging an dem Pförtner vorbei zur Treppe, da war niemand, schade, wie gut hätten wir zusammen sprechen und uns für den Abend verabreden können. Obwohl es schon so spät war, wartete Brutta auf der Treppe noch ein wenig, Herr Zinn war gewiß aufgehalten worden, das Telefon hatte geläutet, oder es war ein Kunde gekommen, da kann man nichts machen, die Arbeit geht vor. Die Arbeit, dachte Brutta und hatte ein schlechtes Gewissen, es waren viele Briefe zu schreiben, und sie stand da auf den Stufen und horchte und schaute, aber es kam nur ein Kassenbote vorüber, der sah sie merkwürdig an. Sie lief jetzt schnell die Treppe herauf und den Korridor entlang, der mit einem dicken Teppich belegt war, sie hörte ihre Schritte nicht. Während der Mittagspause mußten sie diesen Teppich ausgebreitet haben, auch ein roter Läufer auf dem Vorplatz war ihr aufgefallen, überhaupt erschien ihr jetzt alles viel vornehmer, auch die Leuchtstäbe an den Wänden des Flurs hatte sie früher nicht bemerkt. Sie öffnete die Tür zu dem Zimmer Nr. 27, ihrem Büro, auch dieser Raum war verändert, statt der drei Schreibtische und dem Regal mit den Ordnern stand da ein einziger großer Mahagonitisch und zwei grüne Sessel, und Brutta dachte gleich, ich habe mich geirrt, und machte die Türe wieder zu. Im nächsten Zimmer hörte sie sprechen, aber es waren keine

Frauenstimmen, und im dritten saß ein junger Mann an einer Rechenmaschine und sagte: Nur herein, gnädige Frau, was kann ich für Sie tun? Brutta murmelte eine Entschuldigung, sie mußte das Stockwerk verwechselt haben, wahrscheinlich hatte sie zu lange in der Sonne gesessen, es war ihr auch schwindelig, und die Treppe zum dritten Stockwerk erstieg sie langsam, fast wie eine alte Frau. Auf dem ebenfalls mit einem dicken Teppich belegten Korridor sah sie von weitem Fräulein Seiferts Mutter, die im Begriff war, in den Waschraum zu gehen. Brutta blieb bei der Türe des Waschraums stehen und überlegte, warum wohl Fräulein Seiferts Mutter um diese Zeit hier war, sie hatte weder Hut noch Mantel angehabt, es war aber immerhin denkbar, daß Fräulein Seifert krank geworden war und daß sie ihre Mutter gebeten hatte, ihre Arbeit zu tun. Es war unwahrscheinlich, aber nicht unmöglich, bei dem Personalmangel, und wie viele Mütter haben in ihrer Jugend selbst in Büros gesessen und sind mit allen vorkommenden Arbeiten vertraut.

Was fehlt Ihrer Tochter? fragte Brutta, als Frau Seifert aus dem Waschraum kam, wo sie sich ein bißchen frisch gemacht hatte, sie sah aber noch immer müde und abgearbeitet aus. Meiner Tochter? fragte Fräulein Seiferts Mutter erstaunt, ich glaube, Sie verwechseln mich, wie heißt denn die Dame, die Sie suchen und wo ist sie beschäftigt, ich meine, in welchem Zimmer? und dabei ging sie schon weiter, und Brutta lief wie ein Hündchen hinter ihr her. Lore, wollte sie sagen, Lore heißt sie, und ich sitze mit ihr im Zimmer und mit Frau

Erbe, vor einer Stunde erst haben wir uns getrennt, um mittagessen zu gehen, und Sie kenne ich gar nicht persönlich, nur an der Ähnlichkeit mit Ihrer Tochter habe ich Sie erkannt. Sie sagte aber nichts von dem allen, weil sie jetzt an dem Flurfenster angelangt waren, von dem man auf die Baustelle heruntersah, und da war keine Baustelle mehr, sondern ein Hof und ein riesig hohes Haus, und der Preßluftbohrer war auch nicht mehr zu hören, es war totenstill. Wen suchen Sie also? fragte Fräulein Seiferts Mutter, aber nicht unfreundlich, vielleicht haben Sie sich verlaufen, der Weg zu den Schalterräumen führt durch die Säulenhalle, und damit blieb sie stehen, legte ihre Hand auf eine Türklinke und sah Brutta fragend an. Einen Augenblick nur noch, sagte diese, es handelt sich um eine Auskunft, ihre Stimme flehte, und mit den Fingern zog sie Frau Seiferts Hand von der Türklinke weg. Ja nun, sagte Frau Seifert erstaunt, vielleicht hielt sie Brutta für eine Verrückte und begann schon, sich in acht zu nehmen, sie blickte sich auch verstohlen um. Nur eine Auskunft, wiederholte Brutta, ein junges Mädchen ist hier beschäftigt, sie heißt Osten, vielleicht kennen Sie sie. Es war ihr eigener Name, den Brutta genannt hatte, und ihre Stimme hatte dabei gezittert, und nun schloß Fräulein Seiferts Mutter plötzlich die Augen, so als ob sie sich besinnen müßte, und später schaute sie zu Boden, sie sah Brutta gar nicht mehr an.

Warten Sie, sagte sie, da war etwas, aber das ist sehr lange her. Da war etwas mit einem Blumenstrauß, Tulpen und Narzissen, den hatten wir, Frau Erbe und ich, Brutta Osten auf ihren Tisch gestellt, obwohl er nur aus Versehen in unserem Zimmer gelandet und für jemand ganz anderen bestimmt gewesen war, für ein blondes Mädchen aus der Lochkartenabteilung, das, soviel ich mich erinnere, Eva hieß. Wir haben uns einen Spaß gemacht, verstehen Sie, einen Aprilscherz, es war wie heute der 1. April. Fräulein Osten ist vom Diktieren zurückgekommen und hat den Strauß gesehen, sie hat uns gefragt, und wir haben geantwortet, aber sie hat uns nicht verstanden, es war da eine Maschine, die ratterte vor den Fenstern, in der Nachbarschaft wurde ein Haus gebaut. Schließlich haben wir ihr einen Namen genannt, den Namen eines Prokuristen, eines Herrn Zinn, den Brutta nicht leiden konnte, und am Ende haben wir ganz laut gerufen, April, April. Aber das hat Fräulein Osten nicht mehr gehört. Sie ist gleich weggelaufen, und nach der Mittagspause ist sie nicht mehr wiedergekommen. Später hat die Polizei nach ihr gesucht, auf dem Weg zum Park hat sie ein Kind über die Straße geführt, sie hat auch mit einer Dame gesprochen, dieses Kind und die Dame haben sich erinnert, und im Park hat ein Gärtner sie gesehen. Sie ist aber trotzdem niemals gefunden worden, auch nicht ihre Leiche auf dem Grunde des Teiches, und natürlich haben wir uns die größten Vorwürfe gemacht.

Vielen Dank, sagte Brutta, und Fräulein Seiferts Mutter ging in das Zimmer, ohne sich noch einmal umzusehen. Man konnte ihr anmerken, wie peinlich es ihr war, diese Geschichte zu erzählen, die sie, wie Brutta meinte, gewiß erfunden hatte, weil man ihr sonst hätte kündigen müssen. Aber das ließ sie sich nicht gefallen, eine kleine Verspätung ist kein Kündigungsgrund, und es sollte alles seine Richtigkeit haben, auch wenn Brutta jetzt heiraten würde und keine Stellung mehr brauchte. Herr Zinn, dachte sie, er hat zum Fenster hinausgesehen und auf mich gewartet, ich werde ihn fragen, vielleicht hat auch er das Zimmer gewechselt, aber das weiß der Portier. Sie ging die Stiegen hinunter, der Portier war nicht mehr in seinem Glashäuschen, er stand draußen auf den Stufen und nahm große Kränze entgegen. Der Lieferwagen eines Blumengeschäftes hielt vor dem Portal, es war dasselbe Geschäft, in dem der Blumenstrauß von heute mittag gekauft worden war, das goldene ausgezackte Schildchen war ganz groß auf die Seite des weißen Wagens gemalt. Die Kränze waren aus Tulpen und Narzissen, jungem Birkenlaub und Sumpfiris, sie trugen große seidene Schleifen, und auf den Schleifen stand in Goldbuchstaben: Unserem lieben Walter Zinn, unserem verehrten Direktor Zinn.

Wirklich, für Herrn Zinn? fragte Brutta erstaunt, und der Portier sagte: Ja, und dann fügte er hinzu, da sind Sie ja immer noch, und sah Brutta mißtrauisch an. Brutta wandte sich ab, an allen Pfeilern hingen jetzt Spiegel, auch dort, wo sie stand, hing einer, in dem sah sie eine kleine alte und altmodisch angezogene Dame, die eben ganz leise hereingekommen und hinter sie getreten sein mußte. Es war aber, wie sich herausstellte, niemand hereingekommen und neben sie getreten, sie war mit dem Pförtner allein.

Herbert Asmodi

DIE BELGISCHE NUMMER

Maggie Bronstein war zu ihrer Zeit die Hochglanzausgabe des poor rich girl, wie es in der Klatschpresse steht. Eine andere Vertreterin dieser Spezies war die Woolworth-Erbin Barbara Hutton, aber trotz ihrer zehn oder zwölf Ehen mit dubiosen Prinzen, Filmschauspielern, dänischen Aristokraten, Polocracks und Tennischampions stellte sie eigentlich keine ernstzunehmende Konkurrenz für Maggie dar, die nicht ein einziges Mal vor den Traualtar getreten war. Durch den plötzlichen Tod ihrer Eltern war sie früh in den Besitz von Zinnminen, Hotelketten und Immobilienfirmen gelangt. Damit hätte sie ja nun ihr Auskommen haben können. Aber bevor sie volljährig geworden war, hatte ihr ein Onkel, der auf Cape Cod als Junggeselle in hochmütiger Isolation lebte und sich für rein gar nichts interessierte als für uralte chinesische Töpferware, auch noch Aktien der Chase-Manhattan-Bank und die Schürfrechte an etlichen Quadratkilometern uranträchtigen australischen Bodens vermacht, die gleich nach seinem Ableben abenteuerlich haussierten.

Sie war so reich, daß sie sich alles kaufen konnte, nur das eine nicht: um ihrer selbst willen geliebt zu werden. In ihrer Jugend war Maggie fett, lebenshungrig und von einer Häßlichkeit gewesen, die, wie jemand gesagt hatte (man schrieb es Cecil Beaton zu, aber wahrscheinlich hatte Maggie selbst es gesagt), die Spiegel erblinden ließ. Inzwischen war sie über sechzig, reiste noch immer mit wechselnden Zofen und wechselnden Pekinesenhündinnen in der Weltgeschichte herum, protegierte Opernsängerinnen, veranstaltete aufwendige exzentrische Kostümbälle und war mit ihrem Witz, ihren bizarren Gewändern und ihren weltberühmten Juwelen ein ermutigendes Monument selbstbewußter kapitalistischer Lebensweise und ein Dauerbrenner der Pressefotografen.

Als sie wieder einmal in Italien weilte, stieg sie nicht wie gewöhnlich in einem jener altberühmten Hotelpaläste ab, die man einst für die russischen Großfürsten gebaut hatte und die nun von der Finanzaristokratie, von Filmmoguln und der internationalen Schickeria frequentiert wurden, sie wählte ein unbedeutendes Hotel der mittleren Mittelklasse, und das aus keinem anderen Grund, als daß sie einige Monate zuvor in einem Friseursalon in Brüssel davon gehört hatte.

Sie war vorangemeldet. Ihr Sekretariat in New York hatte gekabelt, daß außer einwandfreien hygienischen Verhältnissen kein Anspruch gestellt und die Bettwäsche mitgebracht würde.

Der Hotelmanager konnte sein Glück nicht fassen. Als die telegrafische Rückfrage ergab, daß es mit der Buchung Bronstein seine Richtigkeit hatte, beschloß er auf der Stelle, ein für allemal Maßstäbe für das Niveau von Hotels der mittleren Mittelklasse zu setzen.

Das Hotel verfügte über keine Suiten. Er schuf eine, indem er die Türen von drei aneinandergrenzenden Zimmern aushängen und durch karmesinrote Samtportieren, die nur ganz dezent nach Weihrauch rochen, ersetzen ließ – wovor es freilich unumgänglich war, einen stillen holländischen Diabetiker und seine behinderte Frau an die Luft zu setzen. Verfeinert wurde die Ausstattung dadurch, daß ein gewisser, mit dem Hotelmanager befreundeter Baron Fieschi, der seine weder durch Stammbäume noch Kapital legitimierten Favoritinnen in diesem Hause unterzubringen pflegte und in der Hotelbar nicht unerheblich in der Kreide stand, zur leihweisen Überlassung von vergoldeten Sesseln und Meisterkopien melancholischer Madonnen und verzückt dem Martyrium entgegenäugender Heiliger (die Originale hatten schon die vorgeborenen Fieschis schnöde verscherbelt) genötigt worden war. Aus freien Stücken steuerte der Baron silbergerahmte Fotografien von Mitgliedern des Hauses Savoyen bei, die dekorativ auf der stucco lustro-Attrappe eines Marmorkamins verteilt wurden. Einige andere Fotografien, die den Baron im Schwarzhemd mit Mussolini und verblichenen Größen des faschistischen Regimes zeigten, wurden bei der Auswahl verworfen; man hatte Zweifel, ob der Gast diese Zeugnisse einer heroischen Vergangenheit zu würdigen wisse.

Der Hotelmanager war stolz auf sein Werk und ließ

es Maggie gegenüber schon im Fahrstuhl nicht an diskreten Hinweisen fehlen. Es war in der Tat einiges geleistet worden, und seine Erwartung auf ein wenig Lob war nicht unberechtigt. Er wurde indessen enttäuscht. Maggie probierte die Wasserhähne aus, kontrollierte Badewanne und Bidet, betätigte die Wasserspülung der Toilette und nahm neben dem Absaugemechanismus ein Fenster als zweite Lüftungsmöglichkeit zur Kenntnis. Anschließend ging sie ins Schlafzimmer und legte sich, so wie sie war, längelang aufs Bett. Auch diese Prüfung fiel zu ihrer Befriedigung aus, und sie gab dies nett und ohne viele Worte kund. Der Hotelmanager zog sich hierauf zurück, einigermaßen betrübt, er hatte sich wirklich Mühe gegeben. Was er nicht wissen konnte, war, daß Maggie bei ihrer Entscheidung für sein Hotel eine andere Art von Lebensqualität im Auge hatte.

Nach dem Auspacken beschied sie die Zofe, sich für die Dauer des Aufenthaltes als beurlaubt zu betrachten und sich bis zur Abreise nicht mehr blicken zu lassen. Der Zofe war das von Herzen recht, aber sie war dann doch verwundert, als sie erfuhr, daß sich ihr Zimmer abgelegen in einem Seitenflügel des Hotels befand, und als ihr mitgeteilt wurde, daß sie das Zimmer mit Suzy-Wong zu teilen hätte, weil die Beurlaubung auch der Pekinesenhündin gelte, war sie nahezu fassungslos.

»Sie wollen Suzy-Wong nicht um sich haben, Ma'am?«

»Exakt«, sagte Maggie Bronstein.

Das war schon verwirrend. Suzy-Wong war Miß Bronsteins abgöttisch geliebter Schatten. Sie hatte sechs

Vorgängerinnen gehabt. Alle waren ebenso abgöttisch geliebt und jede war nach dem Ableben sogleich durch ein neues Exemplar ersetzt worden. Wie alle sechs vorher durfte die siebte Suzy-Wong zu Füßen ihrer Herrin auf der rosa Seidendecke schlafen. Sie war ein verwöhntes, hochneurotisches, schon etwas betagtes Tier, das mit größtem Widerwillen reiste und seiner echt chinesischen Fremdenfeindlichkeit keinerlei Zwang antat. Suzy-Wongs Allüren, ihr entrüstetes Röcheln, ihr hysterisches Gekläff, ihre simulierten dramatischen Erstickungsanfälle und ihre heimtückischen Beißexzesse waren in der internationalen Hotellerie wohlbekannt. Auch der hiesige Hotelmanager hatte bereits Erfahrungen gesammelt. Seine Annäherungsversuche waren zähnefletschend abgewiesen worden, und seine Absicht, durch ein leichtes, urbanes Geplauder Maggie die Glücksgefühle des Hauses über ihre Gegenwart zu vermitteln, wurde blitzschnell zunichte gemacht, denn Suzy-Wong verdrehte die Augen und gab Geräusche von sich, die auf den Ausbruch einer Kolik hindeuteten. Es war nun einmal so: wenn sie keine Konversation mitanhören wollte, dann wollte sie keine mitanhören. Normalerweise ertrug Maggie ihre Launen mit Engelsgeduld und amüsierte sich sogar über sie. Aber in diesem Hotel paßten sie nicht in Maggies Pläne, und so wurde sie zusammen mit der Zofe kurz und plötzlich in die Verbannung geschickt.

Sobald die Pekinesenhündin diese Ungeheuerlichkeit begriffen hatte, versank sie in eine abgründige Desperation. Sie hatte sich mitten auf dem Bett der Zofe hingelegt und weigerte sich, diesen Platz auch nur für Minuten zu verlassen. Es war schon ein großes Entgegenkommen, daß sie der Zofe gestattete, sie zur Verrichtung ihrer Bedürfnisse auf die Straße hinunter zu tragen. Nachdem die Zofe eine Nacht im Sessel und eine weitere auf dem Fußboden verbracht hatte, offenbarte sie sich dem Zimmermädchen, das ein bißchen Englisch sprach, und bekam ein Feldbett ins Zimmer. Als Folge der seelischen Belastung gerieten die Verdauungsorgane von Suzy-Wong in völlige Konfusion. Diese war derart, daß sich die Zofe rund um die Uhr zu größter Wachsamkeit angehalten sah und keine Auge mehr zutat. Eigentlich hatte sie sich ihre dienstfreien Tage anders vorgestellt.

Gleich nach Maggies Ankunft kam eine Menge Leute aus der Stadt, um ihre Aufwartung zu machen und Gefälligkeiten anzubieten. Sie wurden alle mit dem Hinweis auf die Ruhebedürftigkeit des Gastes abgewimmelt. Nur dem Baron gelang es, in den für Maggie reservierten Teil des Hotelgartens vorzudringen. Dort lagerte sie in froher Erwartung ihrer ersten Mahlzeit in einem Liegestuhl, rauchte Zigaretten und las. Der Baron, der einen altmodischen Gehrock, gestreifte Beinkleider und einen hohen päpstlichen Halsorden trug, eine Aufmachung, in der er an der Kurie in seiner Eigenschaft als zweiter Reliquienkontrolleur fungierte, rückte sehr bald mit dem Vorschlag heraus, Maggie möge in seinen Palazzo übersiedeln. Er äußerte sich dabei abfällig über das Hotel und war schamlos genug, seinen Beitrag zur Verschönerung von Maggies Suite stark herauszustreichen. Maggie lehnte dankend ab. Der Baron zog sich wieder zurück, nachdem er noch rasch erwähnt hatte, daß, falls Miß Bronstein im Speisesaal einen antiken japanischen Koromandel-Paravent erblicken sollte, dieser gleichfalls aus seinem Besitz stamme und eventuell verkäuflich sei.

»Mamma mia«, sagte der Baron nur, als er beim Verlassen des Hotels dem Manager die Hand drückte. Sonst sagte er nichts.

Diese beiläufigen Worte waren sein Kommentar zu Maggies Erscheinung. Natürlich war sie ihm durch Bilder in der Presse bekannt, aber die Wirklichkeit war doch etwas anderes. So war er über die Absage an seine Gastfreundschaft nicht unglücklich. Die Hoffnung, dieser reichen Amerikanerin ein paar Kunstgegenstände verkaufen zu können, war zwar in der Luft zerronnen, aber der Gedanke, ihr nicht zwei- oder dreimal täglich am Tisch gegenübersitzen zu müssen, wog in den Augen des Barons das Debakel mehr als auf. Er war immer ein Schürzenjäger gewesen. Noch heute ließ er, wenn es sich so ergab und so gut es eben noch ging, nichts anbrennen, wie man so sagt. Zudem war er eitel wie ein Pfau und hatte nicht nur seine amourösen, sondern auch seine gesellschaftlichen Aktivitäten stets zu dokumentieren gewußt. In den bewohnten Räumen des Palazzos prahlten, silbergerahmt, auf Kommoden, Konsolen, Tischen und Kaminsimsen die vorzeigbaren Trophäen. Als er sich zu Hause den kräftigen Händen seines Masseurs überantwortete, erwog er, ob es auf seine alten Tage noch die Mühe lohne, sich Seite an

Seite mit Maggie Bronstein ablichten zu lassen und dann das Ergebnis seiner Sammlung einzuverleiben. Vielleicht, wenn sie ihm den Koromandel-Paravent abkaufen würde ... Er konnte gerade jetzt ein bißchen Geld dringend gebrauchen, denn er saß in der Jury für die Miß Italia, und bei einer regionalen Vorwahl hatte sich eine von den jungen Damen ungeachtet seiner vorgerückten Jahre nicht unempfänglich für seinen Charme gezeigt; er glaubte hoffen zu dürfen, daß er das Mäuschen, hülfe er mit einem Galitzin-Kostüm oder einem Fendi-Mäntelchen nach, in seine Falle locken könnte ... Maggie Bronstein sollte ihre Chance haben. Freilich, übertriebene Illusionen machte er sich nicht. Eine Milliardärin, die in einem solchen Hotel abstieg, konnte dafür nur einen Grund haben: Geiz. Erschreckenden Geiz!

Den Koromandel-Paravent sah Maggie beim Abendessen. Er schützte sie vor der Neugier der übrigen Hotelgäste. Das war ihr angenehm. Darüber hinaus war ihr der Paravent gleichgültig. Sie hatte Dutzende von ihnen in ihren Häusern und Wohnungen herumstehen, aber der einzige, der ihr etwas bedeutete, war ihr von Coco Chanel vermacht worden, mit der sie ein halbes Leben lang eng befreundet gewesen war. Die hohen schwarzen Lackflügel mit ihren Blumen, Gefäßen, Schmetterlingen, Grillen aus Perlmutt, Jade und Porzellan und den vergoldeten Schriftzeichen schufen eine Art Separée, in dem sie sich mit Gusto den Tafelfreuden hingab. Sie mußte sich keine Zurückhaltung auferlegen, auf ein paar Kilo mehr oder weniger kam es längst nicht mehr an. Das Essen war gut, die belgische Dame hatte sich auch über die Küche des Hotels anerkennend verbreitet. Maggie ließ sich Zeit. Sie genoß jeden Bissen, und ebenso und fast noch mehr genoß sie die aufmerksame Betreuung von Signor Marco, dem Oberkellner. Er war der beste Mann des Service und allein zu ihrem Wohle abgestellt. Umsichtig sorgte er für einen ruhigen Ablauf der Speisenfolge, seine kräftigen, nur ganz leicht behaarten Männerhände wechselten geräuschlos Teller und Geschirr, füllten geziemend die Gläser mit Wasser und Wein. Kein überflüssiges oder gar anbiederndes Wort wurde dabei gesprochen, alles geschah zugleich ehrerbietig und souverän, mit tadelloser Haltung und gesammelter Miene, ohne Übereilung, ohne Servilität. Maggie nahm alles wahr, den Dienst und auch den Mann, unter gesenkten Lidern und scheinbar ganz auf das Essen konzentriert, entging ihr nichts, nicht die geringste Kleinigkeit entging ihr, sie sah die Hände, sie sah die Haltung, sie sah die Miene, dieser Signor Marco war eine Zierde seines Gewerbes, ein ausgezeichneter Kellner und ein sehr männlicher Mann mit einem Medaillenprofil und von großer physischer Attraktion. Sie hatte sie gleich gespürt, als er sie beim Eintritt in den Speisesaal begrüßt und zu ihrem Platz geleitet hatte, nicht ohne eine leichte Beklommenheit übrigens, als sie so hinter ihm durch den Saal watschelte; und daß er, als er ihrer ansichtig geworden war, den kleinen Bauch etwas eingezogen hatte und eingezogen gehalten hatte, bis er ihr den Rücken zuwenden durfte, das war ihr auch nicht entgangen. Wie alt mochte er sein? Mitte Vierzig wohl. Zweifellos hatte er sein Metier im Ausland und in guten Häusern gelernt. Sein Englisch, das wenige, das er während des Servierens sprach, war nahezu akzentfrei und mehr nach dem Vereinigten Königreich als nach den Vereinigten Staaten hin orientiert. Manchmal blinkte unter seiner Kellnervollkommenheit eine läßliche Eitelkeit durch, er wechselte nämlich zwischen Signora und Ma'am hin und her und flocht auch bisweilen, wenn es sich so ergab, ein französisches Wort ein, vermutlich, um die schöne Fülle seiner Weltläufigkeit anzudeuten. Warum diente ein solcher Mann in einem Hotel der mittleren Mittelklasse? Nun, dachte Maggie, es würde sich weisen. Alles würde sich weisen. Immer hatten sich die Dinge auf eine ganz natürliche Art und Weise aufgeklärt. Sie lächelte stillvergnügt. Dieses Abendessen entsprach ihren Erwartungen. Anfangs war sie besorgt gewesen; selbst bei beruhigenden Referenzen war man vor Enttäuschungen niemals sicher. Jetzt zweifelte sie nicht mehr daran, daß es keine geben würde. Und insgeheim segnete sie sich für ihren mutigen Entschluß, just dieses Hotel für ihren Ausflug nach Italien gewählt zu haben.

Nun war nur noch die Nachspeise zu erwarten. Maggie hatte zwischen einem Kastanienpudding und einer Zabaione geschwankt, doch war ihr von Signor Marco bedeutet worden, die Menukarte beiseite zu legen und sich der Gunst der Stunde anzuvertrauen – genau so hatte er es ausgedrückt. Maggie benutzte das Warten für ihre Zwecke. Es schien ihr angebracht, die Atmosphäre etwas persönlicher zu gestalten und die Person des Signor Marco aus dem Keller herauszulocken. Als unverfängliches Mittel bot sich eine kleine Lobpreisung der Mahlzeit an.

»Die Consommé war sehr gut«, sagte sie, ohne den Blick vom Tisch zu erheben.

»Ich habe die Küche wissen lassen, daß Sie sie sehr heiß mögen«, sagte Signor Marco mit gedämpfter Stimme.

»Sie war sehr heiß«, bestätigte Maggie.

»Grazie, Signora.«

»Der Fisch war auch sehr gut«, sagte Maggie.

»Sie machen mich glücklich. Ich habe ihn heute morgen selbst auf dem Markt gekauft.«

»Sicher ebenso das Gemüse? Es war delikat.«

»Ebenso das Gemüse«, bekannte Signor Marco.

Er füllte das Glas aufs neue. Maggie dankte mit einem Nicken. Dann bat sie Signor Marco mit einer winzigen Geste, ein wenig näher zu kommen. Mit einem Flüstern, als wollte sie ein Staatsgeheimnis ausforschen, fragte sie: »Warum dieser Paravent –?«

»Sie sollen ungestört speisen können, Signora.« Und nach einem atemlangen Zögern fügte er hinzu: »Außerdem ist es so intimer.«

Maggie wandte ihm das Gesicht zu. »Ihr Einfall, Signor Marco?« fragte sie hoffnungsvoll.

»Ich kann es nicht leugnen«, sagte Signor Marco.

»Danke«, sagte Maggie, und Jubel war dabei in ihrer in soviel Fleisch und Fett verpanzerten Mädchenseele.

Ein Chasseur kam und brachte Signor Marco etwas.

Sie sah nicht, was es war, denn es wurde ihm hinter ihrem Rücken überreicht. Aber gleich darauf sagte Signor Marco: »Ecco, Madame – le dessert!« Und dann sah sie es. Es war überwältigend. Eine eher dekadente Zuppa mit einer farbenfrohen Dekoration aus kandierten Früchten und einer ausschweifenden Anleihe bei einer sardischen Mandeltorte. Und sie duftete! O wie sie duftete! Natürlich duftete sie nach Mandeln, aber sie duftete auch nach Pinienkernen, Honig, Orangen- und Zitronenschale, Vanille, Safran und einem mit Thymian und Jasmin gewürzten Likör. Kunstvoll gespritzte Schlagsahne mit allerkleinsten Krokantsplittern umwallte sie, und obenauf, in einer feuerroten Kirsche, steckte zahnstochergroß das Sternenbanner.

»Es schmeckt köstlich!« sagte sie, nachdem sie gekostet hatte.

»Unser Patisseur hat sie eigens für Sie komponiert, Signora. Ich habe mir die Freiheit genommen, sie Zuppa Bronstein zu taufen«, sagte Signor Marco.

»Zuppa Bronstein!« rief Maggie entzückt und gerührt.

»Mit Ihrer gütigen Erlaubnis, Signora. Es wäre uns eine Ehre.«

»Sie meinen, Sie werden sie fortab auf die Menukarte setzen wie ein Chateaubriand oder ein Boeuf Stroganoff –?«

»Die Pêche Melba dürfte der Sache näher kommen, Madame«, gestattete sich Signor Marco zu korrigieren.

»Aber natürlich! Wie dumm ich wieder bin! Immer bringe ich die Dinge durcheinander! Die Zuppa Bronstein wird auf der Karte stehen, auch wenn ich längst abgereist bin?«

»Ich verbürge mich dafür«, sagte Signor Marco.

»Danke! Das ist lieb!« rief Maggie. Sie sah ihn an, und ihre Augen hatten einen feuchten Glanz.

Sie ist sentimental, dachte Signor Marco, sehr gut.

Für Maggie gab es nun kein Halten mehr. Die Zuppa verlor bald ihre Form, der Dessertlöffel arbeitete wie ein Grabstichel, legte die süßen Schichtungen bloß und zerwühlte sie und vermengte sie mit Schlagsahne, schon stak das Sternenbanner schief in der feuerroten Kirsche, dann rutschte es langsam mit ihr auf den Teller hinab. Die Konversation hatte Pause. Bis die halbe Zuppa in Maggies geschminktem Mund verschwunden war, wurde auch nicht ein einziges Wort gesprochen, nur Geräusche waren zu hören, ein zartes Schmatzen, Schlucken, oft von einem bedrängten Aufschnauben gefolgt, warme Brummtöne, hin und wieder auch ein tiefes, gedehntes Stöhnen – Geräusche des Behagens, Wonnelaute, die von Lust und Anstrengung zeugten. Signor Marco vernahm sie mit Wohlgefallen. Sein Blick ruhte fast mit Andacht auf Maggies fleischigem, unter der rosa Puderschicht schon schweißfeuchtem Nacken, auf dem die große Rubinschließe des dreireihigen Perlencolliers wie ein Karbunkel glänzte. Tiffany, dachte er, oder Van Arpels oder Cartier. Er war im Ausland gewesen und hatte immer die Augen offengehalten. Unschätzbar, dachte er.

Maggie lehnte sich ermattet zurück und seufzte. »Ich kann nicht mehr. Es war köstlich!« sagte sie.

Als Signor Marco Espresso und Grappa servierte, fragte sie: »Bin ich sehr verfressen, Signor Marco?«

Signor Marco lachte. »Kein Kellner wird etwas gegen einen Gast haben, dem es schmeckt, Madame.«

Sie rauchte noch eine Zigarette, dann war sie fertig. Die Mahlzeit hatte sich weit über eine Stunde hingezogen. Sie erhob sich schwerfällig. Als sie sich zum Gehen wandte, bemerkte Signor Marco den bedauernden Blick, den sie zum Beistelltisch nach den Resten der Zuppa schickte, und es zeigte sich einmal mehr, daß er ein vorzüglicher Kellner war.

»Ich habe noch eine kleinere Portion in Reserve gehalten, Signora. Mit Ihrer Erlaubnis werde ich sie auf Ihr Zimmer senden. Wenn man reist, sollte man immer etwas Süßes in Reichweite haben, finde ich. Man hat manchmal Anwandlungen, nicht wahr?«

Wieder gab es einen kleinen Jubel in Maggies Mädchenseele. »So ist es, Signor Marco«, sagte sie und watschelte vergnügt davon.

Drei Tage später hatte Signor Marco ein ernstes Gespräch mit seinem Schwager Luigi. Sein Schwager war bei der Post angestellt. Das Postamt lag in derselben Straße wie das Hotel. Signor Marco ging hin, sobald er seinen Dienst im Speisesaal beendet hatte. Es war die Siestazeit.

Nur ungern legte Luigi die »Gazetta dello Sport« beiseite, in der er einen chauvinistischen Artikel über das bevorstehende Fußballmatch Inter Mailand gegen Real Madrid gelesen hatte. Wie jeder anständige Italiener wünschte Luigi den Spaniern eine vernichtende Niederlage; schließlich lag der Sacco di Roma noch nicht einmal fünfhundert Jahre zurück. Wenigstens darin war er mit seinem Schwager einig. In der anderen Sache zeigte er eine für Signor Marco empörende Unentschlossenheit und Mutlosigkeit, obwohl dieser ihm ihre Vorteile in den glühendsten Farben schilderte.

»Es ist die Chance unseres Lebens, Luigi! Wann steigt schon einmal eine Frau wie die Bronstein in so einem Hotel ab? Der Himmel hat sie uns geschickt. So eine Gelegenheit kehrt nie wieder. Ich habe der Madonna eine Kerze so groß wie ein Spazierstock gestiftet. Wenn wir nur ein bißchen Glück haben, sind wir fein heraus, und Großpapa kann vielleicht sogar in ein Altersheim!«

»Großpapa will aber gar nicht in ein Altersheim.«

»Schön. Dann kriegt er eben einen Rollstuhl!«

»Nein. Nein. Nichts zu machen. Ich habe ein ungutes Gefühl.«

»Das hast du noch jedesmal gehabt, und es ist noch jedesmal gutgegangen!«

»Es kann nicht immer gutgehen. Einmal muß es ja schiefgehen. Und was ist, wenn es schiefgeht? Ich verliere meine Stellung, du verlierst deine Stellung, wir kommen beide ins Gefängnis. Denke an unsere Frauen. Denke an unsere Kinder. Und denke daran, wie die Mama weinen wird!«

»Hör auf! Gleich fange ich selber zu weinen an!« rief Signor Marco erbittert. »Das letzte Mal bei der Belgierin hast du dich genauso trostlos aufgeführt! Und? Mit ihrer Vespa fährst du jeden Tag zur Post! Ihr Beamten seid alle Feiglinge!«

»Nicht jeder kann ein Kellner sein«, sagte Luigi, obwohl es gefährlich war, seinen Schwager zu provozieren. »Nein, diesmal mache ich nicht mit. Vorher ängstige ich mich zu Tode, und hinterher bin ich noch tagelang ein Nervenbündel ...«

»Memme!« schrie Signor Marco.

»Und überhaupt«, fuhr Luigi fort, »was ist denn eigentlich bisher groß bei alledem herausgekommen? Anzüge, Seidenhemden, Manschettenknöpfe, ein paar Dollar, ein paar Schweizer Franken, ein paar holländische Gulden!«

»Und die Vespa, die ich dir überlassen habe? Für einen kleinen Postbeamten, der Gesundheitsschuhe tragen muß, ist eine Vespa eine Lebenshilfe, oder?«

Luigi war kein starker Charakter. Wenn er sich noch länger sperren würde, bestand Gefahr, daß dieser herrschsüchtige Schwager mit seiner strotzenden Männlichkeit keinen Anstand nähme, sich zu weit unliebenswürdigeren Anspielungen zu versteigen. Außerdem näherte sich die Mittagsruhe ihrem Ende. Es war schmerzlich, den Artikel mit seinen Schmähungen gegen diese widerlichen Spanier entweder auf der Posttoilette oder erst zu Hause lesen zu können.

»Wir wollen nicht streiten«, sagte er. »Ich meine ja nur: wenn wir im Lotto spielen und Glück haben, kommt mehr dabei heraus.«

»Wir spielen seit fünfzehn Jahren im Lotto und haben nie Glück gehabt. Die Bronstein ist Lottogewinn hoch zehn. Wir werden glorios absahnen. Wenn du ihren Schmuck gesehen hättest, würdest du nicht so daherreden!«

Luigi unternahm einen letzten Versuch, sich der Umklammerung seines Schwagers zu entziehen. »Ich habe Bilder von der Bronstein in der Zeitung gesehen«, sagte er.

Signor Marco verstand nicht gleich. »Was heißt, du hast Bilder von ihr in der Zeitung gesehen?«

»Manchmal staune ich über dich. Die Belgierin war auch nicht mehr taufrisch. Aber verglichen mit der Bronstein war sie Hollywood.«

Signor Marco verstand noch immer nicht. »Ich will ja nicht zu einer Schönheitskonkurrenz mit ihr. Sie ist eine amerikanische Lady und sehr gepflegt. Man merkt kaum, daß sie geliftet ist. Ihre Zähne sind absolut original. Ich habe sie beim Essen genau beobachtet.«

»Trotzdem«, beharrte Luigi. »Ich brächte es nicht fertig. Entschuldige.«

Jetzt verstand Signor Marco. Er blickte den Schwager mit kalten Augen an. Luigi hatte das Gefühl, von diesen Augen über den Postschalter gezogen und mit geballten Fäusten zur Brust genommen zu werden.

»Nein! Du nicht! Du bringst überhaupt nichts fertig!« höhnte Signor Marco.

Etwas in dieser Art hatte Luigi befürchtet. Er sah ein, daß er sich zu weit vorgewagt hatte. Es schien ihm geraten, einzulenken, ehe der Schwager wirklich unflätig wurde. »Du mißverstehst mich«, sagte er. »Ich wollte dir nicht zu nahe treten.«

Aber Signor Marco war keineswegs beschwichtigt. »Hat man Töne!« rief er, »jetzt wirst du auch noch moralisch! Mensch, du glaubst wohl noch immer, daß ich so was zu meinem Vergnügen tue!«

»Das habe ich nie behauptet.«

»Ich tue es aus Pflichtgefühl! Für die Familie! Ich opfere mich! Wann geht das endlich in deinen Beamtenschädel?«

»Sei doch nicht immer gleich so laut!« bat Luigi.

Signor Marco schluckte seinen Ärger hinunter. Er mußte ins Hotel zurück. Die Bronstein war eine zu bedeutende Angelegenheit, als daß sie durch einen Familienstreit gefährdet werden durfte. Eine sanftere Tonart war anzuschlagen. Luigi war ein Feigling. Aber er brauchte ihn. Ohne ihn lief die Nummer nicht.

»Es ist absolut kein Risiko dabei«, sagte er. »Das Ganze ist ein Kinderspiel. Die Bronstein ist verrückt nach mir. Ich merke es an gewissen Nuancen. In meinem Beruf entwickelt man einen sechsten Sinn für so etwas. Ich sage dir, dieses Weib wird Wachs in meinen Händen sein.«

»Ich werde es mir überlegen«, sagte Luigi.

»Ich kann eigentlich schon nicht mehr zurück«, sagte Signor Marco. »Ich habe das alte Mädchen schon zu sehr ermutigt.«

Maggie lag im reservierten Teil des Hotelgartens im Liegestuhl. Zeitungen und Zeitschriften waren neben ihr im Gras verstreut, und der schwere Kristallaschenbecher quoll über von Zigarettenstummeln. Es war später

Nachmittag. Im Personaltrakt sang ein Küchenmädchen. Hin und wieder ließ sich eine Amsel auf dem Rand des nahen Springbrunnens nieder, drehte sichernd den schwarzen Kopf nach allen Seiten und hüpfte dann in das flache Becken, um mit rüttelndem Gefieder und lichtblitzenden Wassertropfen ein kurzes heftiges Bad zu nehmen.

Beim Frühstück hatte Maggie beschlossen, heute den entscheidenden Schritt zu tun. Sie wohnte nun fast eine Woche im Hotel. Damit war ihrer Meinung nach die Form gewahrt worden. Es hatte keinen Sinn, das Vorhaben noch länger vor sich her zu schieben. Was geschehen sollte, mußte geschehen, deswegen war sie ja hergekommen. Ein Plausch mit dem Hotelmanager hatte ihr bestätigt, was sie über Signor Marco vermutet hatte. Er war in guten Häusern in der Schweiz und in Frankreich gewesen, zwei Jahre sogar im Londoner Savoy. Dort hätte man ihn gern gehalten, aber während eines Urlaubs hatte er sich hier in ein junges Mädchen verliebt, das bereit gewesen war, ihn zu heiraten, nicht aber, mit ihm wegzugehen, und so war er geblieben und hatte, da in den besseren Häusern nichts frei war, in diesem Hotel eine Stellung angenommen. Inzwischen war er Vater von vier Kindern, und die große Familie, in die er eingeheiratet hatte, ließ ihm keine Zeit, den Träumen der Jugend (falls er solche gehabt haben sollte) nachzuhängen. Seine Karriere hatte einen Knick bekommen. Das war ihm bewußt. Aber er war zufrieden. Er war bequem geworden, und seine Stellung war gesichert. Über alles andere half ihm die Starrolle, die er von Anfang an unangefochten in seinem Hotel spielte, hinweg. »Ein vernünftiger Mann«, sagte der Hotelmanager. Er zitierte Caesar. »Lieber der Erste hier, als der Zweite in Rom.« Es war ihm nicht bekannt, daß der famose Julius damit ein rechtes Drecknest in den Alpen gemeint hatte, und Maggie war so taktvoll, ihn nicht darüber aufzuklären. Es wäre auch ungerecht gewesen. Es war ein sehr nettes, reinliches und gemütliches Hotel, das vielen Reisenden mit einem schmalen Geldbeutel Freude und Behagen spendete; nicht wenige, die einmal in ihm gewohnt hatten, kehrten immer wieder zurück.

Um die Zeit bis zum Spätnachmittag totzuschlagen, hatte Maggie sich in einem Mietwagen in der Umgebung der Stadt herumfahren lassen. Sie besichtigte eine Kirche mit Quattrocento-Fresken und einen Betrieb, der weltberühmte Strickwaren herstellte. In einem Landgasthof aß sie ein Stück in Weißwein gedünstetes Kalbfleisch, Feldsalat und ein paar Obsttörtchen. Danach machte sie im Fond des Autos ein Nickerchen. Sie hatte sich nunmehr so gelangweilt, daß sie im Hinblick auf ihr Vorhaben kaum noch Hemmungen empfand, und einzig zu diesem Zwecke hatte sie den Ausflug unternommen.

Wieder im Hotel, verspürte sie doch Herzklopfen. Sie dachte an den Zettel, den sie in die »Financial Times« gelegt hatte, und bestellte Champagner in den Garten. Das Hotel führte keinen; man mußte ins »Principe di Aosta« schicken, um ihn zu beschaffen.

»Bollinger?« fragte Maggie, als Signor Marco damit ankam.

»Bollinger«, sagte Signor Marco.

Sie hatte Bollinger bestellt. Es war ihre Lieblingsmarke.

Signor Marco drehte die Flasche lange im Eiskübel, bis er fand, daß sie die richtige Temperatur hatte.

Maggies Hand zitterte ganz leicht, als sie das Glas in Empfang nahm. Es entging Signor Marco nicht. Er fühlte, daß etwas in der Luft lag, und fragte sich, wie sie es wohl anstellen würde. Er schob die Flasche zwischen die Eiswürfel und legte die gefaltete Serviette mit Sorgfalt um ihren Hals.

»Noch einen Wunsch, Signora?« fragte er.

Maggie antwortete nicht gleich. Zu guter Letzt kostete es doch eine Überwindung; früher war es ihr leichter gefallen, aber da war sie auch jünger gewesen. Endlich zeigte sie auf die Zeitungen und sagte, ohne Signor Marco dabei anzusehen: »Dort liegt etwas für Sie ... In der ›Financial Times‹.«

Signor Marco hob die Zeitung auf und fand den Zettel. Auf dem Zettel stand nur ein einziges Wort: WANN? Er legte die Zeitung wieder hin und steckte den Zettel ein.

Für Maggie dauerte es entsetzlich lange. Ihr Herz klopfte, und sie schämte sich plötzlich sehr.

»Wann immer Sie wollen, Signora«, sagte Signor Marco ruhig.

Unendlich erleichtert blickte sie ihn an.

»Danke. Sie sind sehr freundlich, Signor Marco«, sagte sie.

»Noch ein Glas, Signora?«

»Ja, bitte.«

Der Champagner perlte in das Glas, das sie Signor Marco hinhielt. Jetzt zitterte ihre Hand schon nicht mehr.

»Ich glaube, er ist in Ordnung so. Oder hätten Sie ihn gern kälter, Signora?«

»Nein. Er ist genau richtig«, sagte sie.

Er wartete. Ruhig und voller Ehrerbietung stand er da. Das tat ihr wohl und machte ihr Mut.

»Bin ich sehr zudringlich, Signor Marco?«

»Ich weiß nicht, wovon Sie reden, Signora«, sagte er. »Wann wäre es Ihnen angenehm?«

Sie lächelte: »Das sollten Sie sagen, Signor Marco. Sie sind ein beschäftigter Mann. Ich bin bloß eine faule Touristin, die nichts tut und immer Zeit hat.«

»Samstag«, schlug er vor. »Da habe ich meinen freien Abend.«

»Also Samstag. Vielleicht sollten wir vorher etwas unternehmen. Einfach so, um uns ein bißchen besser kennenzulernen.«

»Das wäre sicher wünschenswert.«

»Was schlagen Sie vor? Sie sind verheiratet, nicht wahr?«

»Si, Signora.«

»Haben Sie Kinder?«

»Zwei Söhne und zwei kleine Töchter.«

»Wir sollten auf Ihre Familie Rücksicht nehmen.«

»Das sollten wir, Signora.«

»Gibt es einen Ort oder eine Lokalität, wo man herumspazieren und ein wenig plaudern kann, ohne daß sich die Leute nach uns umdrehen oder Ihre Frau Fotos in der Zeitung zu sehen bekommt?«

»Wir könnten in den Garten des Barons gehen. Es ist ein großer Garten mit einem Teich und Grotten und solchen Sachen. Ich habe den Schlüssel.«

»Und der Baron?«

»Der ist in Mailand bei der Wahl der Miß Italia. Sie brauchen sich keine Gedanken zu machen. Fahren Sie in die Via Cavour und läuten Sie an der kleinen Eisentür am Anfang der Mauer. Ich lasse Sie dann hinein. Um halb neun, wenn es Ihnen recht ist.«

»Gut. Um halb neun.« Sie sah ihn an und lächelte: »Sind Sie oft im Garten des Barons, Signor Marco?«

Er verzog keine Miene. »Wenn es sich so ergibt«, sagte er unbestimmt. »Ich helfe ihm bisweilen aus, wenn er Gäste hat. Er spart am Personal, wo er kann. Er ist schrecklich geizig, Signora.«

Als er zum Haus zurückging, fiel ihm ein, daß am Samstagabend das Spiel gegen die Spanier stattfand. Sein erster Gedanke war, das Rendezvous zu verschieben, aber dann gewann sein praktischer Sinn die Oberhand. Eine Frau wie Maggie Bronstein war es wert, daß ein Mann ihr Opfer brachte. Aber ein Opfer war es. Er würde das diskret, jedoch unüberhörbar am Samstagabend zu verstehen geben, und er würde dabei nicht nur als leidenschaftlicher Freund des rollenden Leders, sondern auch als italienischer Patriot sprechen, der genau besehen gröblich seine Pflicht vernachlässigte; denn vaterländische Pflicht für jeden Mann war es, zum Stadium zu strömen – und wäre es auf Krücken! –, um dortselbst der geliebten Mannschaft als akustische Kulisse das Heldenwerk zu erleichtern, die iberischen Galgenvögel zu demütigen und zu zermalmen.

Der Hotelmanager sagte: »Marco, Sie sollen Ihren Schwager anrufen. Eine Familienangelegenheit.«

Signor Marco ging zur Telefonkabine.

»Was ist los, Luigi?«

»Du hast Glück. Ich mache mit. Maria, diese Kuh, hat die Vespa kaputtgefahren. Die Reparatur wird mein halbes Gehalt kosten. Das hat man davon, wenn man nett zu seinen Kindern ist ... meine Verehrung, Commendatore!«

»Bitte?« fragte Signor Marco irritiert.

»Nichts. Der Direktor Salviati ist gerade vorbeigegangen. Wann soll es sein?«

»Am Samstag.«

»Bist du verrückt! Am Samstag nehmen wir die Spanier in die Mangel!«

»Erinnere mich nicht daran«, sagte Signor Marco bitter.

»Du kommst nicht?«

»Nein. Ich hab die Bronstein an der Backe. Anscheinend braucht sie eine Aufmunterung.«

»Das fängt gut an!«

»Ach, halte die Klappe!«

»Diese Weiber!«

»Ja. Erzähl mir hinterher, wie das Spiel war ... Um elf Uhr in der Besenkammer. Ich hole dich raus, wenn es soweit ist. Ende.«

Sein Schwager sagte noch: »Ohne die kaputte Vespa

würde ich nicht mitmachen. Ich habe diesmal ein sehr ungutes Vorgefühl.«

Aber da hatte er schon aufgelegt.

»Ein schöner Abend«, sagte Maggie, als sie mit Signor Marco im Garten des Barons spazierenging. Sie sagte es nun schon zum dritten Mal. Ihr Begleiter beschränkte sich darauf, es jedesmal zu bestätigen. Es wollte trotzdem keine richtige Stimmung aufkommen.

Dann ruderte Signor Marco sie auf dem Teich umher, um ihr das schlafende Entenvolk zu zeigen.

»Wie hübsch sie daliegen«, sagte Maggie.

»Nicht wahr?« sagte Signor Marco. »Ich bin auch immer wieder erstaunt, wie viele noch da sind. Der Baron scheint Rattenfallen aufgestellt zu haben. Es hat Zeiten gegeben, wo diese Viecher massenhaft zerfetzt worden sind. Die Ratten erreichen hier eine rätselhafte Größe und sind wahre Teufel an Bösartigkeit. Der Majordomus, der inzwischen gestorben ist, erzählte mir einmal, sie hätten sogar versucht, sein Enkelkind im Kinderwagen anzuknabbern.«

»Nein, sowas!« rief Maggie.

Sie trug eines von den farbenfrohen Gewändern, die für sie in den Modehäusern des Faubourg St. Honoré angefertigt wurden. Sie waren entweder sackförmig oder von wallender Art. Meistens atmeten die Schöpfer dieser Gebilde auf, wenn Maggie den Preis nicht unter ihren Spezialrabatt heruntergehandelt hatte oder einfach wieder aus dem Hause war.

Sie lagerte auf dem schadhaften Kunstlederpolster

des Bootes und betrachtete mit sanfter Ironie den Mann, der sich ihres Gewichtes wegen kräftig in die Riemen legen mußte. Es hatte fast immer Probleme gegeben, wenn jemand sie mit einer Kahnpartie beglücken wollte. Sie vermutete recht, daß die Herren bald das Fehlen eines Außenbordmotors bedauert oder gedacht hatten, ein Kinobesuch wäre wohl das kleinere Übel gewesen. Jedenfalls hatte immer die Konversation gelitten.

»Ich bin sehr anstrengend«, sagte Maggie.

»Sie meinen?«

»Immerhin wiege ich nahezu drei Zentner.«

»Ich bin sehr stark, Signora«, schnaufte Signor Marco. Weitere Äußerungen waren ihm im Boot nicht zu entlocken.

Auch der Streifzug durch den Park verlief eher lustlos. Sie wandelten zwischen den verkrüppelten Bosketten dahin. Maggie hatte den Arm unter seinen geschoben und drückte ihn manchmal ein bißchen. Jedesmal wandte ihr Signor Marco sein Gesicht zu und lächelte abwesend. Maggie wußte, wo sein Geist weilte. Wie lebendig wäre derselbe Mann gewesen, wenn sie irgendwo auf einer Bank mit einem Transistorgerät gesessen hätten. Im Hotel hatte sie einen Moment erwogen, das kleine schwarze Ding, das auf ihrem Nachttisch stand, mitzunehmen. Aber Fußball war ihr gänzlich gleichgültig, sie fand diesen Sport vulgär, und die Massenhysterie, die er auslöste, verursachte ihr Beklemmungen. Anfangs hatte ihr Begleiter das Thema anzuschneiden versucht, aber das hatte sie sofort (und, wie sie hoffte, ein für allemal) durch jene bei ihren Angestellten gefürchtete Vernichtungsmiene, mit der sie auf Zumutungen zu reagieren pflegte, unterbunden. (In solchen Augenblicken, hatte ein Freund gesagt, sehe sie aus wie die alte Queen Victoria, wenn man sich ihr mit einem Nachttopf genähert hätte.) Sie wollte einen netten Abend mit kleinen Schäkereien und hübschen Belanglosigkeiten, die sie in eine gelöste Stimmung bringen sollten und das, was danach programmiert war, weniger peinlich erscheinen ließen. Sie hatte Signor Marco durch allerlei Fragen nach seiner Familie und dem Leben, das er führte, aufzutauen versucht, aber viel war dabei nicht herausgekommen. Nachdem er mit dem Fußball nicht hatte landen können, war er auffallend einsilbig geworden, und wenn er schon einmal Kommentare abgab, wie bei den Enten, so hatten sie eine düstere und fast schon morbide Note. Als sie zu einer Grotte kamen, die in dem kunstvoll pittoresken Verfallsstadium, wie das achtzehnte Jahrhundert es liebte, errichtet worden war, wünschte Maggie die mit Muschelschalen dekorierten Wände, die er erwähnt hatte, zu besichtigen.

»Es lohnt sich nicht«, sagte Signor Marco unzugänglich. »Die meisten Muscheln sind abgeblättert, und von der Decke hängen Fledermäuse wie Pfefferschoten herunter – alle arg verwest. Der Baron und seine Gäste haben sich damit vergnügt, sie im Winterschlaf mit Karbolspritzen zu besprühen.«

»Wie abscheulich!« entrüstete sich Maggie.

»Der Baron ist sehr pervers. Das liegt in der Familie.

Er hat einen Vetter zweiten Grades, der bei irgendeiner Botschaft ist, über den erzählt man sich eigenartige Sachen.«

Maggie hörte wahnsinnig gern solche eigenartigen Sachen. Sie wollte Näheres wissen. Aber Signor Marco antwortete nur: »Ich habe sie vergessen. Ich weiß nur, ich habe sie im Lexikon nachschlagen müssen.« Das kam so unfroh von seinen Lippen, daß sich Maggie von einer Nachfrage keinen nennenswerten Lustgewinn versprach.

Am Eingang des Fieschi-Labyrinths, das sogar im Baedeker gewürdigt wurde, geschah dasselbe wie bei der Grotte. Signor Marco riet ab, einen Fuß hineinzusetzen. Er berichtete die traurige Geschichte von einem jungen Engländer, der sich auf der Grand Tour hineingewagt hatte und dreißig Jahre später als Skelett von einem debilen Gärtner gefunden worden war. Als Maggie dennoch Interesse zeigte, verwies er auf seine Verantwortung. Man könnte sich, sagte er, der zahlreichen Kreuzottern wegen, nur mit Fackeln und eisenbeschlagenen Stöcken (oder Golfschlägern) hineinwagen und auch dann, da der Plan verlorengegangen sei, eigentlich nur auf hohen Stelzen, um nicht die Orientierung zu verlieren. Außerdem rechne seine Familie fest mit seinem Erscheinen zum Frühstück, und sein Dienst begänne um halb neun.

In Maggie regte sich ein leichter Verdruß, der aber gleich in nachsichtiges Mitleid umschlug. Der Mann war überfordert. Er war der Herrscher des Speisesaals, er war bei Tisch ihr aufmerksamer Aide de corps, und er würde, die belgische Dame hatte es auf das bestimmteste versichert, zu Zeit und Stunde eine Bombe sein – aber die Rolle eines heiteren oder bloß angenehmen Begleiters, in die sie ihn an jenem Spätnachmittag gedrängt hatte, paßte ihm nicht, sie erschien ihm überflüssig und gehörte nicht zur Abmachung, und auf seine Weise protestierte er dagegen. Maggie wußte es. Sie war weit davon entfernt, ihn zu verurteilen. Er war noch immer ein Bild von einem Mann, auch wenn er in seinem Alltagszivil nicht mehr so großartig wirkte wie im Kellnerfrack, und er war auch noch immer ein sehr männlicher Mann. Aber natürlich war er ein Spießer und hatte kein Quentchen Humor. Er würde die Abmachung erfüllen. Zu mehr war er nicht bereit, und es war ihm nicht möglich, mehr in ihr zu sehen als eine Geschäftspartnerin. Sie war dergleichen gewöhnt. Nur Frauen hatten gefühlt, daß ihre Seele in einem falschen Körper eingesperrt war, Männer nie. Sie hatte lange (und wenn sie darüber nachdachte: unsäglich) darunter gelitten, nur von ihrem eigenen Geschlecht jenes Verständnis zu empfangen und nicht von dem anderen, von dem sie es so sehr ersehnte. Aber das war nun einmal so, unabänderlich. Der Schmerz hatte ihren Sinn für das Verquere und Lächerliche geschärft. Die Komödie der Gefühle gab ihr keine Rätsel mehr auf. Andererseits – und das war nun auch nicht ganz und gar zu verdrängen – hatte sie Männer gekannt, eine Menge Männer sogar, die sich in einer vergleichbaren Situation mehr bemüht, mehr angestrengt hatten – mit welchen Hintergedanken auch immer.

Signor Marco spürte etwas von der veränderten Atmosphäre. Er wußte, daß man Frauen mit so eindeutigen Absichten eine Menge zumuten konnte, ja, daß eine Prise Quälerei ihre Begierde wie ein Aphrodisiakum noch steigern konnte. Normalerweise hätte er sich keine Gedanken gemacht. Maggie war jedoch eine Ausnahmeerscheinung, das war ihm spätestens klargeworden, als er versucht hatte, den Fußball aufs Tapet zu bringen. Ihre Miene war eine Warnung gewesen. Für gewöhnlich waren die Damen an seinen Lippen gehangen, ganz gleich, worüber er gesprochen hatte. Für Maggies Entgegenkommen gab es offenbar ein Limit. Es schien ihm ratsam, dem Rechnung zu tragen, ehe sie es sich doch noch anders überlegte. Es hatte einmal einen Präzedenzfall mit einer Witwe aus Basel gegeben, die an der Schilddrüse litt; die hatte ihn, gereizt durch seine Indifferenz, Knall und Fall stehen lassen, um ihn dann zur Strafe vier Tage durch unaufhörliche Quengelei im Speisesaal zu schikanieren ... Andererseits war es schwer, ein geeignetes Thema zu finden, wenn man daran denken mußte, daß die zweite Spielhälfte dem Ende zuging und man gänzlich ohne Information über die Höhe der Vernichtung dieser iberischen Halbaffen war.

»Ich glaube, Sie sind nie verheiratet gewesen, Signora?« fragte er. Etwas Besseres war ihm nicht eingefallen.

»Nein. Nie«, sagte Maggie. Es klang nicht sehr ermutigend.

»Warum? Haben Sie nie den Wunsch gehabt, eine Familie zu gründen und Kinder zu haben?«

»Wahrscheinlich hatte ich ihn. Es ist allerdings lange her.«

»An Bewerbern kann es Ihnen doch unmöglich gefehlt haben?«

»Die hatte ich mehr als genug«, sagte Maggie.

»Dann verstehe ich nicht.«

»Sehr einfach. Ich habe immer so ausgesehen, wie ich aussehe – bloß jünger. Wenn man so aussieht, ist Jugend kein mildernder Umstand, im Gegenteil. Für die unerschrockenen Herren, die bereit waren, für eine Beteiligung an meinem Bankkonto tollkühn den Gang zum Standesamt zu wagen, hatte ich zuviel Verstand.«

»Sie meinen -?«

»Später habe ich dann beschlossen, mein Leben als ein Farce zu betrachten. Ich hätte es gerne als etwas anderes betrachtet, aber wenigstens durfte ich mir sagen, daß ich so gut wie keine persönliche Schuld daran hatte. Nach diesem Entschluß lief alles viel besser. Übrigens glaube ich nicht, daß uns diese Konversation sehr in Stimmung bringt.«

In Signor Marco stieg der Verdacht auf, daß er vielleicht doch besser einen unverfänglicheren Gesprächsstoff hätte wählen sollen, und einen Moment lang kam ihm nicht ohne einen Anflug von Beklemmung die Witwe aus Basel in den Sinn.

Aber Maggie zerstreute seine Bedenken, indem sie auf dem Rückweg zur Gartenpforte ihre Vorstellungen vom weiteren Verlauf des Abends äußerte. Sie werde im Hotel ein Bad nehmen, das könnte eine halbe Stunde dauern oder auch länger, Signor Marco sollte sie im Bett erwarten. Ob es ihm so recht sei? So sei es ihm recht, antwortete Signor Marco.

Ehe sie zu dem Taxi ging, das zwei Stunden auf der Straße gewartet hatte (Signor Marco war mit dem Fahrrad gekommen), sagte sie lächelnd: »Ich hoffe, die Deutschen sind besiegt worden.«

»Die Spanier, Signora«, verbesserte Signor Marco wie aus der Pistole geschossen.

»Natürlich die Spanier! Mein Gott, wie dumm ich bin!«

Aus einiger Entfernung sah Signor Marco, wie sie sich ins Taxi quetschte. Der Taxifahrer hatte ihretwegen nicht einmal seinen Platz hinter dem Steuer verlassen. So wahr ein Gott im Himmel war, hatte der Mann das ganze Spiel im Autoradio mitgehört. Signor Marco kannte seine Landsleute, ihre Freuden und auch ihren Schmerz. Für das Benehmen des Taxifahrers gab es nur eine einzige Erklärung: Italien war geschlagen worden!

Aus dem Badezimmer in Maggies Suite drang gedämpfte Musik und hin und wieder der rauhe garstige Raucherhusten, der sich immer einstellte, wenn Maggie bis unter die Kinnspitze in dem heißen, mit Essenzen versetzten Wasser lag.

Signor Marco schaute unter das Bett und sagte: »Komm heraus, du Penner!«

Gleich darauf erschien der Kopf seines Schwagers. »Was ist?«

»Es muß ja grauenvoll gewesen sein«, sagte Signor Marco.

»Es war grauenvoll«, bestätigte Luigi.

»Vier zu eins. Nicht zu fassen!«

»Die reinste Schlachtschüssel! Benzoni wurde gelegt. Dreimal. Schlüsselbeinbruch. Was sie mit Bartolo gemacht haben, spottet jeder Beschreibung. Menotti haben sie so umgesäbelt, daß ihm der linke Schuh weggeflogen ist. Rossi mußte vom Platz getragen werden. Kann gegen Neapel nicht zur Verfügung stehen! Totalausfall!«

»Und Zervo? Jemand hat mir erzählt –«

»Zervo ist noch immer bewußtlos«, sagte Luigi.

»Ich bin fix und fertig«, murmelte Signor Marco. »Vier zu eins. Nicht zu fassen«, wiederholte er dumpf.

»Schiebung«, sagte Luigi. »Alle sagen, daß es Schiebung war. Der Schiedsrichter ist bestochen worden. Man spricht von zehn Millionen Peseten. Zum Schein hat er sich eine gelbe Karte gegen Irbanez abgequält!«

»Der Schiedsrichter gehört kastriert«, sagte Signor Marco.

»Bei dem gibt's nicht viel zu kastrieren«, sagte Luigi. »Tullio hat ihn vor dem Spiel im Hotel auf der Herrentoilette getroffen. Ein Eunuch! Tullio sagte, er hätte es ganz genau gesehen!«

»Ich bin fix und fertig«, murmelte Signor Marco ein zweites Mal. Er saß auf der Bettkante und streifte die Schuhe ab. Als er die Hose auszog, sagte er: »Die Bronstein tut mir jetzt schon leid. Jubelschreie wird sie heute nacht nicht ausstoßen. Ich fühle mich kraftlos wie ein Käsekuchen.«

»Kann ich dir nachfühlen«, sagte Luigi.

»Diese verdammten Ausländerinnen glauben immer, unsere Potenz funktionierte wie ein Lichtschalter. Schnipp – und ab die Post!« Er lachte bitter und knöpfte sich das Hemd auf. »Sag mal, hat denn keiner von euch Affen eine Bierdose auf diesen Kretin von Schiedsrichter geworfen?«

»Ich habe es versucht«, log Luigi, »aber er war zu weit weg.«

»Schade«, sagte Signor Marco. »Es hätte mich eventuell doch noch in Stimmung gebracht. Arme Miß Bronstein!«

»Du siehst wirklich nicht gut aus, Marco«, sagte Luigi vorsichtig.

»Wundert es dich«, sagte Signor Marco. Er wischte sich mit dem Unterhemd den Schweiß aus den schwarzbehaarten Achselhöhlen.

»Ich schlage vor, die Sache abzublasen«, sagte Luigi.

»Geht nicht«, sagte Signor Marco. »Versprochen ist versprochen.«

»Aber wenn du nicht in Form bist -«

»Was heißt nicht in Form?« fragte Signor Marco scharf.

»Ich meine ja nur ... Du hast doch gerade gesagt, daß du dich wie ein Käsekuchen fühlst.«

Die Antwort seines Schwagers machte alle Hoffnungen zunichte. »Irgendwie kriege ich es schon hin«, sagte Signor Marco. »Ich weiß nicht, was sie von mir erwartet. Aber das steht fest: mit einem amerikanischen Gigolo nimmt es unsereiner noch in seiner abgründigsten Verzweiflung auf.«

Nicht lange danach watschelte Maggie aus dem Badezimmer. Sie war gebadet, sie war geölt, gepudert und geschminkt, sie duftete. Alles, was aus Reinlichkeit, Schönheitsbedürfnis, Liebesverlangen und Scham getan werden mußte, war getan. Ein Nachthemd aus lachsrosa Seide mit kleinen schwarzen Schleifchen vom Busenansatz bis zum Unterbauch verhüllte wie ein Zelt ihre voluminösen Formen.

Sie lächelte. Sie lächelte scheu und dankbar, denn Signor Marco, der mit nacktem Oberkörper aufrecht im Bette saß, hatte das Oberlicht ausgeschaltet und dafür eine der beiden Nachttischlampen angeknipst. Es war ein mildes, sanftes und bekömmliches Licht, und es machte es Maggie leichter, die Strecke vom Badezimmer bis zum Bett zurückzulegen und sich an die Seite des Mannes zu begeben. Das war geschafft. Da saß sie nun, und sie war froh darüber.

»Guten Abend, Signor Marco«, sagte sie.

»Guten Abend, Signora Bronstein«, sagte Signor Marco.

Sie löste die dreifache Perlenkette, sie streifte die Ringe von den Fingern und legte die ganze Pracht achtlos in die große Aschenschale auf dem Nachttisch.

»Würde es Ihnen etwas ausmachen, noch einmal aufzustehen und das Fenster zu öffnen?« fragte sie.

»Sie schlafen bei offenem Fenster?« erkundigte er sich und schien erstaunt.

»Ich schlafe immer bei offenem Fenster«, sagte sie.

»Es ist nicht ungefährlich«, sagte er. »Ein offenes Fenster stellt eine große Versuchung dar. Es ist bekannt, daß Sie hier wohnen, und Leute, die sich dafür interessieren, wissen auch, in welchem Zimmer.«

»Im vierten Stock«, sagte sie lächelnd.

»Für solche Leute ist das kein unüberwindliches Hindernis«, sagte er.

»Sie meinen, jemand könnte einsteigen?«

»Das meine ich, Signora«, sagte er.

»Ich werde nichts davon merken. Ich nehme Schlafmittel. Eine alte Gewohnheit. Seit meiner Pubertät. Damals hatte ich nachts immer Angst, vergewaltigt zu werden. Im Schlaf, dachte ich, würde ich es nicht merken. Leider bin ich nie vergewaltigt worden. Heute käme wohl nur ein Lustmörder auf seine Rechnung. O entschuldigen Sie! Ich wollte nur witzig sein!«

Signor Marco zuckte die Schultern. »Ich hatte eigentlich mehr an Ihre Juwelen gedacht«, sagte er.

»Es sind nur Imitationen«, sagte Maggie. »Sonst würde ich sie nicht so herumliegen lassen wie Kirschkerne, nicht wahr?«

»Natürlich«, sagte Signor Marco. Aber obwohl er nie etwas mit ihnen im Sinn gehabt hatte, war er enttäuscht. Nach der Niederlage gegen die Spanier wäre es eine Befriedigung gewesen, mit einer Frau zu schlafen, die Schmuck für hunderttausend Dollar oder mehr in einer Aschenschale auf dem Nachttisch deponierte, einfach so.

Diese reichen alten Weiber, dachte er, alle waren sie sentimental, aber wirklich romantisch waren sie nie. Daß sie einen kauften, war schon demütigend genug. Aber immer auch noch diese Vorsichtsmaßnahmen!

Sich der wilden Poesie einer vorbehaltlosen Hingabe zu überlassen, dazu waren sie außerstande.

Während er das Fenster schloß, beäugte Maggie seine nackte Rückseite, den gebräunten fleischigen Nacken, den breiten Rücken, die etwas außer Façon geratenen Hüften und das kleine, runde, feste Hinterteil. Sie hatte kleine, runde, feste männliche Hinterteile stets besonders attraktiv und animierend gefunden, und sie hätte es auch diesmal wieder genossen, aber die Augenfreude wurde dadurch getrübt, daß sich eine Erinnerung an ihre tote Freundin Coco in ihr Gedächtnis drängte. Das war nun schon das zweite Mal an diesem Abend. Das erste Mal war ihr Coco in der Badewanne eingefallen. Sie hätte das Badezimmer früher verlassen, wenn Coco nicht gewesen wäre. Erst nach einer kalten Dusche und zwei Zigaretten, die sie auf dem Wannenrand geraucht hatte, war es ihr gelungen, Cocos Schatten zu vertreiben. Aber eine leise Verstimmung war geblieben, und nun, beim Anblick von Signor Marcos Hinterbacken, verstärkte sie sich sogar.

»Soll ich das Licht ausmachen, oder möchten Sie, daß ich es anlasse?« fragte Signor Marco, als er wieder an ihrer Seite war.

»Lassen wir es an, und plaudern wir noch ein bißchen«, sagte Maggie.

»Plaudern? Entschuldigen Sie, Signora: wollen Sie nicht mehr, oder haben Sie plötzlich etwas gegen mich?«

»Um Himmels willen nein! Ich habe nichts gegen Sie, Signor Marco! Im Gegenteil!«

»Worauf warten wir dann noch?«

»Ich bin schrecklich nervös. Wissen Sie, es ist lange her, seit ich es das letzte Mal getan habe.«

»Das verstehe ich. Vielleicht hilft es Ihnen, wenn ich Ihnen sage, daß ich es in gewisser Weise auch bin.«

»Sie?«

»Es mag Ihnen albern vorkommen. Aber ich habe noch nie mit einer Frau geschlafen, die im Weißen Haus aus und ein geht und fast täglich mit der Gattin des amerikanischen Präsidenten telefoniert.«

Maggie war verblüfft. Sie lachte. »Darauf wäre ich nun wirklich nicht gekommen. Finden Sie das so großartig? Der Präsident und seine Frau sind alte Freunde von mir.«

»Die höchste Persönlichkeit, mit der ich privat telefoniere, ist der Direktor der hiesigen Creditbank, und wenn ich zu ihm gehen muß, um die Verlängerung eines Darlehens zu erbitten, ist mir schon drei Tage vorher übel«, sagte Signor Marco.

»Ich habe dem Präsidenten ein bißchen Geld für den Wahlkampf geliehen, zu zweieinhalb Prozent, was nach allem, was er so treibt, doch wohl übertriebener Patriotismus war, und seine Frau borgt sich gelegentlich ein paar von meinen Schmucksachen aus, und beide sind ganz hin vor Bewunderung für Leute, die jederzeit, ohne daß das Standbein wackelt, zwanzig Millionen abrufen können. Vielleicht ist das mit ein Grund, daß wir so innig sind, aber davon abgesehen sind es wirklich reizende Menschen.«

»Signora«, sagte Signor Marco nach einer Pause,

»vielleicht hätte ich das Weiße Haus und seine Bewohner nicht erwähnen sollen. Trotzdem werde ich Sie jetzt küssen.«

Gleich darauf fühlte Maggie seinen Mund auf der Stelle zwischen Schulter und Hals. Es war ein Kuß, nach dem sie sich gesehnt und zuweilen sogar verzehrt hatte, lange bevor sie in die Stadt gekommen und in das Hotel gezogen war. Sie schloß die Augen. Sie war entschlossen, den Kuß und alles, was folgen würde, bis zur letzten Sekunde auszukosten. Es störte sie nicht, daß sein Mund nicht ihre Lippen gesucht hatte, sie hatte das auch nicht erwartet, die meisten ihrer Liebhaber hatten das vermieden, sogar als sie jünger gewesen war, nein, das schmerzte sie längst nicht mehr, ein Kuß war ein Kuß, und jene Stelle zwischen Schultern und Hals war eine sehr empfängliche Stelle und erfüllte ihren Zweck genausogut, wie ihre Lippen das getan hätten. Jedenfalls war das bisher so gewesen. Diesmal war es nicht so. Mit Betroffenheit wurde sie es gewahr. Und mit Betroffenheit registrierte sie auch, daß sich Signor Marcos Mund auf ihrer Haut nur anfühlte wie eine aufgeschnittene Frucht, wie ein Apfel oder eine Birne, kühl und feucht. Das war neu. Der Kuß weckte kein Echo in ihrem Körper, ihr Fleisch blieb stumm.

Sie empfand nichts, und sie hatte das bestimmte Gefühl, daß sie, selbst wenn sein Mund eine lange Wanderschaft antreten würde über andere noch empfänglichere Stellen, nichts empfinden würde als die Kühle und Feuchte eines Apfels oder einer Birne. Es war enttäuschend. Es war traurig. Und nun schon zum dritten

Mal an diesem Abend breitete sich Cocos Schatten über ihrer verwirrten Seele aus.

»Was ist?« fragte Signor Marco.

»Ich weiß auch nicht«, sagte Maggie. »Mir ist gerade eine Freundin eingefallen.«

»Schicken Sie sie zum Teufel!« stöhnte Signor Marco. »Eine Freundin! Was soll das nun wieder?«

»Sie hat mir ihren Abschied von der Liebe erzählt.«

»O mein Gott!« rief Signor Marco.

»An diesem Abend, in dieser Nacht, tat sie es mit einem sehr netten jungen Mann. Sie muß damals so alt gewesen sein, wie ich es heute bin. Sie tat es in ihrer Wohnung, vis à vis vom Ritz. In ihrem Schlafzimmer war vor dem Bett eine Spiegelwand. Während es geschah, öffnete sie die Augen. Dabei sah sie in der Spiegelwand das lebhafte und bemühte Hinterteil ihres Liebhabers ...«

»Das lebhafte und bemühte ...« rief Signor Marco und verdrehte empört die Augen. »Sind Sie toll, Signora? Wenn Sie so weiterreden, gefriere ich vollends!«

»Die Chanel sagte, danach hätte sie Schluß gemacht mit der Liebe. Mit dieser Form von Liebe. Sie sagte, sie wäre ihr mit einem Mal lächerlich und ein bißchen unwürdig vorgekommen.«

»Warum erzählen Sie mir das, Signora? Gerade jetzt? Soll ich bestraft werden? Wollen Sie mich provozieren? Was habe ich Ihnen getan?«

»Es geht nicht, Marco«, sagte sie. »Ich möchte gern. Aber es geht nicht.«

Signor Marco sah sie an. Er begriff nicht. Seine Stirn

war voller Falten und zeigte die Anstrengung, das Unbegreifliche zu begreifen.

»Ist es wegen dieser Freundin?«

»Auch. Aber nicht nur.«

»So sagen Sie es doch!« flehte er.

»Ich weiß zuviel, Signor Marco.«

Er begriff noch immer nicht. Aber vielleicht hatte er eine Ahnung. Es dauerte eine Weile, bis er antwortete. Unbehagen war in seinem Gesicht, und seine Stimme klang belegt. »Was wissen Sie, Signora?«

Sie sagte sanft: »Was geschehen wird. Das Programm danach. Sie werden plötzlich ein Geräusch hören. Sie werden die Zimmer durchsuchen, und schließlich werden Sie einen maskierten Mann unter dem Bett aufstöbern. Wenn Sie ihm den Strumpf vom Gesicht gezogen haben, werden Sie Ihren Schwager erkennen. Sie werden erschüttert sein. Ihr Schwager wird auf die Knie fallen und schwören, daß er unverschuldet in Not geraten sei und keinen anderen Ausweg gesehen habe. Sie werden ihn mit Vorwürfen überschütten. Und dann werden Sie mich bitten, Gnade vor Recht ergehen zu lassen, der Familie wegen. Und die werde ich Ihnen natürlich nicht versagen – glücklich, wie ich in Ihren Armen gewesen bin. Gewesen wäre, um genau zu sein.«

Es zeigte sich, daß Signor Marco einem Volke angehörte, das seit Menschengedenken von den Barbaren heimgesucht worden war und immer verstanden hatte, das Beste daraus zu machen.

»Sie irren, wenn Sie glauben, daß ich mich verteidige, Signora«, sagte er kühl. »Ich bin verletzt. Sie haben mich daran gehindert, den Helden zu spielen, Sie vor einem Dieb oder einem Mordgesellen zu retten und für einen entarteten Schwager um Großmut zu flehen. Ich komme mir mißbraucht und betrogen vor. Es wäre eine große Szene und ein starker Auftritt geworden. Ich habe immer wieder an dieser Rolle gearbeitet. Hätten Sie sich mir hingegeben, statt alles zu Tode zu reden, so hätten wir beide meine Apotheose erlebt, und es wäre in mehrerer Hinsicht eine bewegende Erinnerung für Sie geworden. Jetzt werde ich nur als ein komischer kleiner Hotelkellner, der gelegentlich mit reichen Frauen schläft und sich wichtig machen will, in Ihrem Gedächtnis fortleben.«

»Nicht doch!« rief Maggie. Sie war entzückt, denn sie dachte an die vielen Volten, die sie in ihrem Leben hatte schlagen müssen, um sich vor der gemeinen Wirklichkeit zu salvieren. Sie beeilte sich, Balsam in seine Wunde zu träufeln, indem sie ihm versicherte, daß er ein Bild von einem Manne und ein wundervoller Kellner sei.

Langsam hellte sich seine Miene auf.

»Sie sind sehr freundlich, Signora. Ich gestehe, daß ich zu vergessen vermag und nicht nachtragend bin. Aber von wem, zum Teufel, wissen Sie das alles?«

»Eine belgische Dame hat es in Brüssel beim Friseur erzählt.«

»Die Belgierin! Zur Hölle mit ihr! Daß diese Weiber auch nie den Mund halten können!«

Fast hätte er noch gesagt, daß die geschwätzigsten Lippen die Schamlippen sind, aber er hatte Lebensart, und es war ihm bekannt, daß die Wahrheit auch eine Frage des Publikums ist.

»Sie tun ihr unrecht«, sagte Maggie. »Sie hat Ihr Lob in den höchsten Tönen gesungen. Hätte Sie Ihnen sonst ein Auto geschenkt?«

»Ein Auto? Eine Vespa, Signora! Eine lumpige Vespa! Gott, wie die Leute lügen! Diese Frau ist ja verworfen! Und dafür rackert man sich ab! Es gibt heutzutage keinen Anstand mehr, Signora!«

Maggie lächelte. »Ich werde Ihnen ein Auto schenken. Einen Cadillac. Einen Chrysler. Oder einen Chevrolet. Oder bevorzugen Sie ein einheimisches Fabrikat?«

»Ein Auto? Für nichts und wieder nichts? Wofür halten Sie mich? Auch wir einfachen Leute haben unsere Ehre!«

»Ich werde es Ihnen trotzdem schenken, Signor Marco.«

»Ich will nichts mehr davon hören«, sagte er und verließ das Bett.

Während er mit seinen Kleidern zum Badezimmer ging, hatte Maggie eine letzte Gelegenheit, seine Rückseite zu betrachten. Sie fand sie noch immer imponierend, aber sie sendete keine delikaten Appelle mehr an ihr Nervensystem. Gleich darauf läutete das Telefon.

Es war ein Anruf aus dem Weißen Haus. Durch die angelehnte Tür hörte Signor Marco, daß Maggie mit der Frau des Präsidenten sprach. Offenbar war die First Lady eingeweiht. Maggie gab die Schilderung einer frenetischen Liebesnacht. Sie sparte nicht (die First Lady schien darauf zu bestehen) mit farbigen Details. Signor Marco hatte einen hohen Begriff von seinen Gaben, aber noch nie war er für etwas, das er nicht getan hatte, so über den grünen Klee gepriesen worden. Während er lauschte und sich dabei langsam ankleidete, schwoll sein Herz vor Stolz, und er gelangte zu der Überzeugung, daß er das Auto ruhig annehmen könnte – was er sowieso vorgehabt hatte. Aber so geschmeichelt er sich fühlte, so war er doch auch wieder etwas verwirrt, denn anscheinend hatte seine Vorstellung von der Gattin des Präsidenten nichts mit der Wirklichkeit zu tun. Der Schluß des Telefonates bestätigte das mit aller Deutlichkeit. Staunend vernahm er, wie Maggie sagte: »Nein, Liebste, ich werde dir nicht seinen Namen nennen. Selbst wenn du es schaffen würdest, den Präsidenten abzuhängen, säße das FBI doch immer irgendwo im Bidet oder im Nachtkasten herum.« Das hatte wahrhaftig wenig mit dem Bild der aseptisch lächelnden feinen Dame zu tun, das ihm aus den Zeitungen und dem Fernsehen vertraut war.

»Gute Nacht, Signora«, sagte er, als er wieder im Schlafzimmer stand.

»Gute Nacht, Signor Marco. Vielen Dank für Ihr Verständnis. Es war trotz allem ein wunderschöner Abend. Vergessen Sie übrigens nicht, Ihren Schwager mitzunehmen.«

Signor Marco ging mit Luigi durch den nächtlichen Hotelkorridor. Er hatte den Schwager buchstäblich an den Beinen unter dem Bett hervorziehen müssen.

»Du liegst unter dem Bett und pennst!« schäumte er. »Wer sich mit dir einläßt, kann sich gleich aufhängen!«

Tatsächlich aber war er froh, daß der Schwager alles verschlafen hatte.

Luigi verteidigte sich nur schwach. »Bei der Post war heute ein unglaublicher Betrieb. Und dann das Spiel! Ich war hundemüde! So was kann jedem einmal passieren.«

»Du gehörst in die Luft gesprengt!«

Sie näherten sich dem Lift. Luigi nahm allen Mut zusammen und fragte: »Was wird sie dir schenken?«

»Ein Auto«, sagte Signor Marco lässig.

Luigi blieb stehen. »Ein Auto?« staunte er. »Ein ganzes Auto?«

»Einen Cadillac. Einen Chrysler. Oder einen Chevrolet. Vielleicht auch einen Maserati oder einen Lamborghini. Ich habe mich noch nicht festgelegt. Natürlich entscheide ich mich für den, der beim Weiterverkauf am meisten bringt.«

Luigi war wie betäubt. Ein Auto! Bis zum Lift brachte er kein Wort mehr hervor. Es hätte nicht viel gefehlt, und er wäre ohnmächtig geworden.

Als sie vor dem Lift standen, stürzte in einer Art Panik Maggies Zofe mit Suzy-Wong unter dem Arm heraus. Signor Marco wollte einsteigen. Luigi hinderte ihn daran.

»Du mußt noch einmal zurück, Marco!«

»Was muß ich?«

»Ja. Vielleicht schaffst du es auch noch, daß sie dir einen Rolls-Royce schenkt. Der bringt am meisten.«

Signor Marco maß ihn mit einem kalten Blick.

»Weißt du, was ich möchte?«

Luigi wollte es eigentlich nicht wissen. Signor Marco sagte es trotzdem.

»Ich möchte Grappa aus deiner Hirnschale trinken!«

Dann stieß er seinen Schwager in den Lift.

Maggie saß im Bett und aß Pralinen. Sie wartete auf die Wirkung von zwei Tabletten Phanodorm, die sie mit einer kleinen Flasche Aqua minerale aus der Zimmerbar hinuntergespült hatte. Am Fußende schnarchte Suzy-Wong auf der Bettdecke. Sie hatte sich nach der Rückkehr durch epileptische Zuckungen interessant zu machen versucht, aber aus Furcht vor einer neuen Exilierung auf weitere Darbietungen verzichtet. Maggie klang das asthmatische Schnarchen sänftigend in den Ohren. Die alte Ordnung war wiederhergestellt. Der Abschied von der Liebe war vollzogen. Nie mehr würde ein Mann ihr Lager teilen. Die Lust war verabschiedet, aber das Herzweh auch. (Wenigstens hoffte Maggie es.) Sie blickte zum Fenster. Morgen würde es regnen. Der Nachthimmel hatte sich bezogen, ein Farbton von dunklem Schiefergrau. Kein Operettenmond hing in dem reisenden Gewölk, keine Puccinisterne blitzten. Eheu fugaces. Aber am linken Handgelenk glänzten sanft und tröstlich die Rubine der Cartieruhr.

Gerade als sie die schwarze Schlafbinde über die Augen streifen wollte, läutete noch einmal das Telefon. Es konnte nur die First Lady sein. Bei manchen Gelegenheiten war ihr Wissensdurst nicht zu stillen.

Maggie nahm ab.

Es war nicht die First Lady. Es war das FBI. Eine Stimme sagte: »Sorry, Miß Bronstein. Wir vom FBI legen Wert auf die Feststellung, daß wir keineswegs in Bidets und Nachtkästen herumsitzen. Wahr ist hingegen, daß wir uns zuweilen genötigt sehen, in Zahnputzgläsern herumzuschwimmen oder aus Büstenhaltern heraus zu operieren. Dies aber einzig und allein in Ausübung unserer Pflicht zum Zwecke der Landesverteidigung und zum Schutz amerikanischer Interessen. Möchten Sie noch einmal die First Lady sprechen?«

Die Stimme klang unpersönlich und seelenlos. Maggie war eingeschüchtert. Kleinlaut sagte sie: »Nein, besser nicht. Vielleicht sind Sie so nett und teilen ihr mit, daß die Geschichte mit dem italienischen Herrn nicht ganz wortwörtlich so geschehen ist, wie ich sie erzählt habe, und daß sie eigentlich auch nicht ganz so beschwingend war, wie sie nach meiner Erzählung erscheinen mußte.«

»Das ist uns bereits bekannt, Miss Bronstein. Wir versichern Sie unseres wärmsten Mitgefühls. Gute Nacht.«

»Gute Nacht, FBI«, sagte Maggie.

Christine Nöstlinger

MANCHMAL MÖCHTE ICH EIN SINGLE SEIN

Lebt der Mensch als Single, mag das hin und wieder – oder vielleicht auch sehr oft – ein wenig befriedigender Zustand sein, aber einen Vorteil hat so ein Single-Leben ganz gewiß: Der Single hat keinen ständigen Mahner um sich, der ihn immer daran erinnert, daß er doch dieses oder jenes tun wollte und es nun »wieder nicht« getan hat!

Der Single hat nur sich selbst und sonst niemandem Rechenschaft über die Diskrepanz zwischen Gewolltem und Erledigtem abzulegen.

Der in einer Partnerschaft lebende Mensch hingegen hört andauernd Fragen wie: »Wolltest du nicht heute die Karotten ernten?« Oder: »Wolltest du nicht diese Woche den Steuerkram erledigen?« Oder: »Hast du nun endlich das Zeitschriften-Abo gekündigt, das dir der Pseudostudent aufgeschwatzt hat?«

Man reagiert üblicherweise sehr sensibel, wenn man von seinem Partner mehr oder weniger diskret auf Versäumnisse hingewiesen wird. Gehetzt und gejagt kommt man sich vor! Und behandelt wie ein kleines Kind!

Jetzt spielt er schon wieder Oberlehrer, denkt man etwa verbittert, und benimmt sich dann tatsächlich so, als sei der Partner einer.

Man sagt nicht, der Wahrheit entsprechend, daß man auf den »Steuerkram« keine Lust gehabt habe, sondern man erzählt bewegt von der Unmasse Arbeit, die man erledigt hat, und von den nicht vorhersehbaren Zwischenfällen, die jede freie Minute des Tages so ausfüllten, daß da an den »Steuerkram« einfach nicht zu denken war. Nimmt einem der Partner das nicht so ganz ab, wird man noch vergrämter.

Wieso, fragt man sich, sitzt der Kerl locker hinter seiner Zeitung und rügt? Warum hat er denn nicht die Karotten geerntet und den »Steuerkram« erledigt?

Würde er sich vielleicht den Zeigefinger verstauchen, wenn er sich daranmachte, das lästige Zeitungs-Abo aufzukündigen?

Der Kerl hinter der Zeitung beantwortet die stummen Fragen, indem er milde spricht: »Nimm dich nicht immer um alles an, wenn du es dann doch nicht schaffst!«

Das ist es, geneigte Leserin. Man darf nicht dauernd laut »hier!« rufen, wenn die Arbeit verteilt wird. Gewöhnt man sich das ab, darf man gelassen seine Zeitung sinken lassen und anmahnen!

ICH MERKE DOCH, DASS DU WAS HAST!

In allen Partnerschaften, auch denen, die als harmonisch angesehen werden dürfen, gibt es Tage, die der Harmonie entbehren.

Nein, da war kein Streit, keine heftige Debatte, auch kein Vorfall, der Verstimmung nach sich ziehen könnte.

Und trotzdem: Schon beim Frühstück merkt der eine Kompagnon der Partnerschaft, daß der andere »etwas hat«.

Dumpf hockt der Partner beim Kaffee, Fragen beantwortet er mit »ja«, »nein« oder einem schlichten »hmpf«. Gewiß, auch an harmonischen Tagen gibt der Partner keine ausführlicheren Antworten. Doch an den Tagen, an denen er »etwas hat«, fehlt den Kürzestantworten die übliche Freundlichkeit.

Und er schaut auch so!

Fremd, ablehnend schaut er. Man kommt sich vor, als säße man im Schnellzug Wien-Paris, vom Speisewagenober zu einem Menschen an den Tisch gesetzt, der lieber allein geblieben wäre.

Da man aber nicht im Schnellzug Wien-Paris sitzt, fragt man: »Was hast du denn?«

»Nichts!« sagt der Partner ablehnend.

»Doch!« sagt man. »Ich merke doch, daß du was hast!«

»Was soll ich denn haben?« fragt der Partner, und den Tonfall, in dem er das sagt, kann man als gereizt bezeichnen. Natürlich wäre es klug, jetzt nicht mehr weiter zu bohren. Aber das Benehmen, das der Partner an den Tag legt, ist schließlich nichts anderes als Liebesentzug, und der verunsichert auch nach zwanzigjähriger Gemeinschaft. Also fragt man noch zehnmal nach, die letzten Male auch schon sehr gereizt. Aufklärung bekommt man keine.

Am nächsten Tag dann ist der Partner wieder wie immer! Und erklärt: »Nichts habe ich gehabt. Aber wenn ich hundertmal gefragt werde, ob ich was habe, werde ich grantig, und dann habe ich was!« Man nickt, aber man glaubt es nicht. Man hat recht damit.

Nach Wochen, unter Umständen, erfährt man dann, warum der Partner an jenem Morgen so sauer gewesen ist. Weil er – nur zum Beispiel – keine Socken ohne Loch gefunden hat! Das hat ihn maßlos verärgert. Da er aber ein vernünftiger, großzügiger Mensch ist, spürt er, daß er wegen löchriger Socken keinen Anspruch auf Gram habe. Also schwieg er.

»Und außerdem«, sagt dann der Partner, »hättest du ja merken können, daß ich wie ein Irrer Socken suche! Aber dir fällt ja nie etwas auf!«

3 MINUTEN REDEZEIT SIND ZU VERGEBEN

7 Minuten am Tag reden im Durchschnitt Ehepartner hierzulande miteinander! Wie man das herausgefunden hat, weiß ich nicht, aber es scheint eine seriöse Untersuchung zu sein, da anerkannte Fachleute diese 7-Minuten-Redezeit in Vorträgen und Diskussionen immer wieder erwähnen.

Hört man von den 7 Redeminuten zum erstenmal, denkt man: Gibt's ja nicht! Überlegt man die Sache aber näher, muß man einsehen, daß 3,5 Minuten Redezeit pro Partner (die beiden quatschen ja hoffentlich nicht im Chor) reichen.

Aus langer Erfahrung mit Hörfunkmanuskripten

weiß ich, daß zwei Seiten zu 28 Zeilen zu 60 Anschlägen bei normalem Sprechtempo ungefähr dieser Zeitspanne entsprechen. Da läßt sich allerhand unterbringen! Über 200mal »Ich liebe dich« zum Beispiel.

Da aber kaum eine Ehefrau das Bedürfnis hat, ihrem Mann 200mal am Tag ihre Zuneigung zu verkünden, bleibt eine Menge Raum für andere Botschaften.

»Ich brauch' Geld« und »Ich bin schwanger« und »Evi bleibt sitzen« und »Schnarch nicht« und »Du wirst fett«. Keine dieser Botschaften braucht mehr Redezeit als »Ich liebe dich«, also sind auch davon noch 199 Stück zu machen.

Nur ist es leider so, daß Eheleute sprachlich nicht so schlicht miteinander umgehen. Die Botschaft, daß Otto kommen wird, fängt ja unter Umständen so an: »Übrigens, was ich dir noch sagen wollte … Jetzt fällt es mir glatt nicht mehr ein! So was Blödes … Ach, ich weiß schon wieder! Wegen heut abend war es. Weil gestern nämlich, da hab' ich mit dem Otto telefoniert, und da hat er gesagt, daß die Erika auf Kur ist, und da hab' ich gesagt …«

Und dann erst erfährt der Ehemann, daß der Otto zum Nachtmahl kommen wird, und die arme Ehefrau hat ihre Redezeit für den ganzen Tag komplett vertan!

Noch schlimmer ist, daß diese 3,5 Minuten ein Durchschnittswert sind! Redet diese Frau weiter, ohne der seriösen Statistik zu achten, müssen zehn andere unschuldige Frauen den Mund halten, um das Untersuchungsergebnis nicht in Frage zu stellen.

PS: Ich werde heute, aus Gründen, die nichts zur Sache tun, mit meinem Mann kein Wort mehr reden. Gut drei Minuten Redezeit sind also frei. Falls eine Leserin Bedarf hat, möge sie sich bedienen!

ENTHEMMT, VERKLEMMT

Ein Mensch, so er alleine mit sich selbst ist, ist ein ganz anderer als in Gesellschaft.

Das merkt man schon an seinem Äußeren, wenn man ihm plötzlich, ohne daß er sich auf uns vorbereiten konnte, gegenübersteht.

Hurtig schließt der Mensch dann allerlei Knöpfchen, zieht Zippverschlüsse hoch, ordnet sein Haupthaar oder entfernt sich sogar kurz, um seine Kleidung zu wechseln, weil er »seinen Aufzug dem Besuch nicht zumuten kann«.

Der Mensch, so er alleine mit sich selbst ist, geht auch mit seinem Körper anders um als unter Mitmenschen. Er kratzt ihn, er bohrt in ihm herum, er stochert, er reibt, er streichelt. Er legt jedenfalls weit öfter Hand an ihn als unter Beobachtung.

Der Mensch, so er alleine mit sich selbst ist, benimmt sich auch seltsam. Er singt. Ein und denselben Refrain eines Liedes singt er. Und den Gesang paßt er dem Tempo seiner Tätigkeit an. Beim Einseifen des Bauches klingt es wie ein Wiegenlied, beim Schuhputzen wie ein Kampflied.

Allein gelassene Menschen reden auch gern mit sich selbst und mit den Dingen, die sie gerade zur Hand nehmen.

»Ja, ja! Das hast du nun von deiner Schlamperei, mein gutes Kind!« sagt die Frau, die den Erlagschein sucht, zu sich und dann, als sie ihn gefunden hat, zum Erlagschein: »Ach, da bist du ja, mein Bester! Komm, jetzt füllen wir dich aus!«

Manche Menschen allerdings betragen sich auch so, als ob sie allein wären, wenn sie mit ihrem Ehepartner zu zweit sind.

Die Meinung darüber, ob das zulässig ist, divergiert. Die einen meinen, eine Partnerschaft müsse so sein, daß man sich nach intimer Lust und Laune – ganz so, wie wenn man alleine wäre – benehmen dürfe. Sie haben ihre Knöpfchen ungeschlossen, ihre Zippverschlüsse offen, kratzen und bohren an sich herum und tönen dem Partner die Ohren voll und sind ganz erstaunt, wenn sie gefragt werden: »Was hast du gesagt?«

»Ach nichts! Ich hab' nur mit mir geredet«, ist dann die Antwort. Die anderen wiederum spielen auch noch nach zwanzig Ehejahren auf »korrekt«, muten dem Partner weder einen Lockenwickler über der Stirn noch ein Unterhemd zum Frühstück, weder einen Finger in der Nase noch den Anblick eines Hühnerauges zu.

Letztere sind verklemmt, erstere enthemmt. Welche ein Leben lang besser auszuhalten sind, ist schwer zu entscheiden.

Barbara Wilde

DANIEL

Es blitzt, donnert, und ich habe wie üblich keinen Parkplatz gefunden. Ich renne durch den Platzregen. Meine Füße schwappen in den neuen Wildlederschuhen wie in einer halbvollen Badewanne, mein Haar tropft, meine Augen brennen, die Wimperntusche läuft als schwarzes Rinnsal über meine Wangen. Ich sehe aus wie Dracula unter der Dusche. Der Feierabend fängt gut an.

Zu Hause knalle ich meinen Mantel über die Heizung, wickle mir einen Handtuch-Turban um den Kopf, ziehe meine dottergelbe Jogginghose an und schlüpfe in die himmelblauen Snoopy-Pantoffel. Egal, sieht mich doch keiner.

Zufrieden kraule ich Henry Miller. Der streckt Po und Schwanz in die Höhe und scheuert wohlig schnurrend an meinen Beinen.

»Na, du Schmusekater. Alles klar?«

Er schnurrt noch lauter.

»Was hast du denn heute getrieben? Hast du Hunger? Magst du Fressi?«

Henry Miller hoppelt in die Küche, stellt sich vor den Kühlschrank und meckert.

»Ist schon gut. Du kriegst ja was.«

Ich serviere ihm »Fressi« mit Krabben, klopfe ihm liebevoll den Hintern und säusle: »Guten Appetit!«

Henry Miller schaut mich aus großen blauen Augen an, miaut zum Dank und stürzt sich auf sein Fischmahl.

Gut, daß mich niemand hört. Jeder würde mich für völlig bekloppt halten. Während mein Kater es sich schmecken läßt, nöle ich ihn voll, wie beschissen mein Tag war: Die Produktionsfirma hat mich mit Änderungswünschen an meinem Drehbuch genervt, die Scheibenwischer schmierten, und mittags habe ich ein 50-Mark-Knöllchen fürs Gehsteigparken kassiert. Es soll Singles geben, die ihren Frust sogar der Mikrowelle erzählen. So weit bin ich zum Glück noch nicht.

Mikrowelle bleibt Mikrowelle, denke ich und stelle die »Feine Mahlzeit« zum Auftauen hinein. Spanische Paella. Nur 507 Kalorien.

Mit dem Teller auf dem Schoß lümmle ich mich auf das Sofa. Mal sehen, was in der Glotze läuft. Channel-Hopping, dreiundzwanzig Programme. Kein Film, der mich aufheitert. Statt dessen tönt mir entgegen:

»Seit vier Jahren leb' ich allein. Ich habe weder 'ne Warze auf der Nase noch 'nen Buckel. Was stimmt mit mir nicht?«

Mitfühlend nicke ich der Blonden im lindgrünen Kostüm zu und nippe an meiner Diät-Cola. Die Kamera zeigt ihre Endlosbeine und schwenkt dann auf eine Schwarzhaarige mit frechem Bubikopf.

»Also, ich genieße es. Ich kann tun und lassen, was ich will. Und ich muß von keinem Typen die Bartstoppeln im Waschbecken wegputzen.«

»Kenn' ich«, sage ich. Aber selbst dazu wäre ich heute abend bereit. Ich würde auch nicht über die vollgepinkelte Klobrille motzen. Würde seine verstreuten Unterhosen aufsammeln. Würde ihm tröstend übers Haar streichen, wenn er beim kleinsten Schnupfen hypochondrisch den sterbenden Bett-Pascha spielt. Ich seufze. Der Bubikopf im Fernsehen auch.

»Tödlich sind nur die Wochenenden. Oder wenn du total fertig heimkommst. Keine Schulter zum Ausheulen. Du stehst mit deinem gesamten Mist allein da.«

»Ich auch«, murmle ich und schalte ab. Diese Single-Talk-Show zieht mich heute nur noch mehr runter. Und für wen quäle ich mich mit dieser ekeligen Diät-Cola? Niemanden stört es, wenn ich wie ein Hefeknödel auseinandergehe. Nicht mal Henry Miller. Aber der ist auch kastriert.

Ich schlappe in die Küche, schaufle mir eine große Portion Schokoladeneis auf den Teller und ziere die Kalorienbombe mit Sprühsahne aus der Tube. Ich habe keine Lust mehr, auf den Supertypen zu warten. Ich mampfe mein Eis und beschließe: eine ganz normale Beziehung mit einem stinknormalen Mann.

Müde verkrieche ich mich mit Henry Miller ins Bett, streichle ihn unterm Beinchen und flüstere: »Na, mein Schatz. Ist das schön?«

Er räkelt sich genüßlich, und ich denke: Wer bitte krault mich?

Zwei Wochen später besuche ich Daniel. Er ist ein Jahr jünger als ich und arbeitet als Anwalt in München. Daniel ist seit fünf Jahren mein platonischer Freund.

Auch wenn er mir vor ein paar Monaten in einer durchzechten Nacht seine Liebe gestanden hat. Ich entrüstete mich damals gerade über einen Typen, der seine Freundin im Restaurant penetrant »Hasimausi« nannte. Und über sein »Hasimausi«, das ihn anschmachtete und mit Kleinmädchenstimme piepste:

»Ach, Hasi, entscheide du doch, was ich essen will.«

»Da faßt man sich doch an den Kopf. Sterben denn die Hasimausis und ihre Macker nie aus?« regte ich mich auf.

Daniel zuckte nur mit den Schultern, spielte mit seinem Goldkettchen.

Dann stammelte er unvermittelt: »Lach nicht.«

»Nee. Warum? Diese Mäuschen und ihre Macker sind eher zum Heulen.«

»Ich liebe dich.«

Ich glotzte blöde wie eine Waschmaschine. Mir verschlug's die Sprache. Dann faßte ich mich und versuchte, ihn von dieser fixen Idee abzubringen.

»Unsinn! Das bildest du dir ein. Laß uns einfach gute Freunde bleiben. Mit 'ner Beziehungskiste würden wir alles verderben. Wie es jetzt ist, ist es doch toll. Oder?«

»Trotzdem. Ich mußte es einfach loswerden«, sagte Daniel und zog verlegen an seinen Fingern, daß es knackte.

»Ist schon okay. Habe ich dir schon erzählt ...« Ich redete und redete. Über das Kleid, das ich günstig gekauft hatte, über den neuen Biergarten, in den wir unbedingt mal gehen sollten, über Kollegen, die er nicht kannte. Nur die Wahrheit konnte ich ihm nicht sagen.

Daniel mag ich wirklich gern, ihm kann ich mein Herz ausschütten, aber als Mann ist er für mich völlig reizlos. Mit seinen blonden Krusselhaaren, leichten Geheimratsecken, der roten Kinderbrille und dem fröhlichen Vollmondgesicht sieht er wie der Mann von Miss Piggy aus. Bei ihm dachte ich immer nur an Freundschaft. Nie an Sex oder gar an Liebe. Bis zu diesem Abend …

Ich bin in »Scheiß-auf-die-Männer-Laune«, fläze auf Daniels buntgeblümtem Sofa und erzähle ihm von meinem letzten Hit. Ein Kerl, der mich zu selbstgemachten Frikadellen eingeladen hatte. Von seinen Fleischklopsen wurde mir speiübel. Von ihm auch. Er schmatzte beim Essen, sprach mit vollem Mund und puhlte sich mit Zahnstochern die Petersilie aus den Zähnen. Als er mir höflich auch ein Holzstäbchen anbot, bin ich geflüchtet.

Daniel tröstet mich, erzählt mir stundenlang, daß ich für ihn eine faszinierende Frau sei. Ich kippe ein Glas Wein nach dem anderen runter.

»Dein Fehler. Du suchst dir die falschen Männer aus. Entweder sind es alte Knacker oder Aufschneider. Da brauchst du dich nicht zu wundern, daß du jedesmal aufs neue frustriert bist.«

»Vielleicht«, jammere ich. »Ich hab' langsam die Nase voll. Da lebe ich lieber allein, als mich mit Seelenkrüppeln, Macho-Ärschen oder Zahnstocher-Fetischisten rumzuschlagen.« Trotzköpfig verziehe ich mein Gesicht, verschränke die Arme und schmolle. Daniel schmunzelt, zieht seine farblosen Augenbrauen hoch und setzt diesen wissenden Blick auf. Dann stupst er mich.

»Spiel keine Komödie! Ich kenn' dich doch. Denk mal nach. Es gibt nicht nur Idioten. Probier's mal mit ganz normalen Männern. Die wissen wenigstens zu schätzen, wie toll du bist.«

Ich schneuze kräftig ins Taschentuch und nicke. An seinem Spruch ist was dran. Warum verknalle ich mich in Selbstdarsteller? Typen, die den starken Max markieren. Schönlinge, die bewundert werden wollen? Ich brauche einen Mann, der auch mal was für mich tut, auf den ich mich verlassen kann.

»Mmh«, murmle ich und flechte meine Spaghettihaare zu dünnen Zöpfen.

»Ich glaube, du brauchst Ablenkung«, sagt Daniel und schiebt die »Harry-und-Sally«-Kassette in den Videorekorder. Das befreundete Pärchen, das nach vielen Irrwegen endlich merkt, daß es füreinander bestimmt ist. Und plötzlich kommt mir die Erleuchtung. Ich Depp, warum bin ich nicht schon früher darauf gekommen? Daniel ist mein Normalo, an dem ich die ganze Zeit blind vorbeigerannt bin.

In meiner aufgeweichten Stimmung sehe ich ihn mit anderen Augen. Der Wein tut sein übriges. Sein lächelndes Pfannkuchengesicht finde ich eigentlich ganz niedlich, und er hat sogar sinnliche Lippen. Ein bißchen untersetzt ist er ja, aber er hat bestimmt zwei Kilo abgespeckt. Bei ihm könnte ich mich fallen lassen. Er kennt meine Höhenflüge, Tiefschläge und Macken in- und auswendig. Diese Beziehung kann keine Pleite werden.

Schon sehe ich mich als forsche »Sally« und Daniel als unbeholfenen »Harry«, der jetzt im Schneidersitz zu meinen Füßen auf dem braunen Teppichboden hockt. Seine Jeans kneift am Bauch, und sein geblümtes Hawaii-Hemd hängt ihm hinten aus der Hose. Er starrt glücklich in den Fernseher. Ab und zu klopft er sich kichernd auf die pummeligen Schenkel. Ich rutsche zu ihm auf den Boden und lehne mich an ihn. »Du hast recht. Ich suche mir einfach die falschen Männer aus«, säusele ich zuckrig, setze meinen Milka-Blick auf und streiche meinem »Harry« einen widerspenstigen Kräusel aus der Stirn.

Er schaut mich erstaunt an, schmatzt auf meine rechte Wange und schlingt seine kurzen, kräftigen Arme um mich. Ich fühle mich sicher und geborgen. Meine Augen werden feucht, und ich komme mir vor wie in meinem eigenen Kinostück. Was für eine gelungene Inszenierung. Dramaturgisch perfekt küsse ich Daniel beim »Happy-End« auf den Mund.

Erfreut pustet Daniel mir lauwarm ins Ohr und krabbelt mit seinen Fingern über meinen Busen. Sein Griff ist pflaumenweich, seine Küsse auch. Trotzdem machen sie mich scharf.

Irgendwann zerrt er hektisch an seinen Jeans. Sie bleiben an seinen Turnschuhen hängen. Gekettet an seine Hosen, robbt er sich auf mich. Mir blitzen weiße Boxershorts mit rammelnden Karnickeln entgegen. Bei jedem anderen Typen hätte mich diese tierische Fortpflanzung restlos abgetörnt. Aber bei Daniel, meinem auserkorenen Normalo, nehme ich das in Kauf. Ich schließe die Augen.

Es ist, als würde ein Mehlsack auf mir liegen. Ein Adonis ist er nicht, aber was soll's! Äußerlichkeiten blenden nur. Und ich will mich ja ändern. Liebevoll zwirbele ich an seinem blonden Brustfläumchen. Schweiß tropft auf meinen Bauch, die Kinderbrille beschlägt, und »Harry« turnt, als müsse er dreißig Liegestütze hinter sich bringen. Im Hintergrund singt Carly Simon: »Nobody does it better.«

Im Bett schmiege ich mich in seine Arme und merke, wie ich langsam zufrieden einschlummere. Ich halte das für ein gutes Zeichen. Normalerweise macht mich zuviel Nähe eher nervös. Ich träume von meiner ganz normalen Beziehung, bis Daniel wie ein Wildschwein zu grunzen anfängt.

Sein Mund ist halb geöffnet, beim Einatmen röchelt er, beim Ausatmen pfeift er. Jeden anderen Mann würde ich treten. Oder ich würde zu Henry Miller nach Hause fahren, der höchstens ab und an im Schlaf mit den Pfoten scharrt. Aber heute ziehe ich mir die rosa Frotteebettdecke über den Kopf und versuche das Schnarchkonzert zu ignorieren.

Zwei Tage später treffen wir uns mittags in seiner Wohnung. Ich bin herausgeputzt wie eine Weihnachtsgans. Enges schwarzes T-Shirt-Kleid mit einem tiefen Rückenausschnitt, unter dem ich ein seidenes Spitzenhöschen trage. Eine Neuerwerbung, wie die hochhackigen Sandalen. Meine Haare duften nach Pfirsichshampoo. Eingenebelt in einer Wolke »Georgio« schwebe ich Daniel entgegen.

»Hallo! Wie geht's?« schmettert er und drückt mir links und rechts einen Schmatz auf die Wange.

»Prima«, sage ich perplex.

Ich hatte eine zärtlichere Begrüßung erwartet. Schließlich hat »Harry« endlich seine »Sally« gefunden und mir gestern noch liebevoll »Ich vermisse dich« auf den Anrufbeantworter gehaucht. Aber Daniel verhält sich freundschaftlich neutral wie früher, rutscht auf weißen Socken in die Küche und kocht Kaffee. Anfangsschwierigkeiten, denke ich mir. Ich muß wohl die Initiative ergreifen.

»Komm her. Ich will dich küssen.«

Wie eine femme fatale werfe ich mich in Pose. Er grinst verlegen, nimmt die Brille ab und umklammert mich. Ich ziehe meine Schuhe aus. Jetzt treffen sich unsere Lippen auf einigermaßen gleicher Höhe. Wir knutschen wild, landen auf seiner Schaumstoffmatratze im Schlafzimmer. Auf seinen Boxershorts leuchten mir diesmal exhibitionistische Weihnachtsmänner entgegen. Er deutet meinen Blick falsch.

»Witzig. Nicht wahr?« sagt er. »Schau mal. Die haben sogar richtig große Schwänze.«

»Mmh«, meine ich nur.

Er wälzt sich auf mich, und ich versuche eine Stellung zu finden, die mir nicht die Rippen quetscht. Plötzlich sehe ich rot. Blut. Es tropft aus Daniels Nase. Auch das noch! Ich stürze ins Bad und hole Tempos, die er in Stücke reißt und sich wie Pfropfen in die Nase friemelt.

»Tut mir leid. Das passiert mir öfter«, murmelt er und reckt sein Kinn in die Höhe.

Mit einem nassen Waschlappen wische ich ihm das Blut ab. Ich habe ein flaues Gefühl im Magen.

Nachdem sein Nasenbluten zum Stillstand gekommen ist und er mit »Odol« gegurgelt hat, fahren wir zum Baden an den Starnberger See. Bayernblauer Himmel, es duftet nach frisch gemähtem Rasen. Ein paar Halbwüchsige spielen Fußball, eine Großfamilie picknickt, ein Liebespaar fummelt. Daniel redet über Scheidungen, Vertragsrecht und über ein Nachbarschaftsdrama wegen eines bellenden Hundes. Kein Wort über unsere frische Liebe. Dabei will ich seine Gedanken und seine Ängste wissen. Ich will das Traumnetz unserer gemeinsamen Zukunft spinnen, mit ihm schmusen und seinen kräftigen Bauch streicheln.

»Was denkst du denn so?« beginne ich zaghaft.

»Worüber?«

»Rat mal. Natürlich über uns. Sollen wir's wirklich versuchen?«

Drei Minuten lang schweigt er wie ein Grab und starrt in die Luft. Ich krabble näher auf sein Mickey-Maus-Handtuch, umkreise mit dem Zeigefinger seinen Bauchnabel und schaue ihn erwartungsvoll an. Er räuspert sich zweimal kräftig.

»Ja. Ich bin mir sicher. Es wird klappen«, sagt er, als

würde er einem Klienten Auskunft über die Erfolgsaussichten beim Rechtsstreit geben.

Dann cremt er sich sorgfältig mit Sonnenschutzfaktor zwanzig ein, holt Unterlagen aus seiner abgewetzten Aktentasche und studiert die Schriftsätze über den ruhestörenden Hund. »Stell dir vor, der jault, winselt und bellt Tag und Nacht«, sagt er und schüttelt den Kopf.

Ich beiße mir auf die Zunge, schlucke pampige Bemerkungen runter. Mich interessiert dieser blöde Köter überhaupt nicht. Beleidigt schaue ich zu Daniel hinüber, der sich in seine Akten vertieft hat. Als wir noch Freunde waren, haben wir beim Baden über Gott und die Welt geratscht, jetzt kratzt nur sein Füllfederhalter übers Papier. Vielleicht macht es ihn verlegen, über seine eigenen Gefühle zu sprechen? Ist ja auch ganz schön verwirrend, diese neue Situation. Aber andererseits hat Daniel mir seine Liebe schon vor Monaten gestanden.

Die Stille macht mich allmählich nervös. Ich drehe mich vom Bauch wieder auf den Rücken, setze mich hin, zupfe Grashalme aus, verjage Wespen, die um meinen Kopf schwirren. Endlich redet Daniel wieder.

»Ich mache heute abend einen Abstecher zu meiner Mutti. Die hat Sauerbraten eingelegt.«

»Schön, schön«, sage ich scheinbar gleichgültig und ärgere mich, daß ich ihn heute abend mit zarten Kalbsschnitzeln in Marsala-Soße verwöhnen wollte. Dinner bei Kerzenschein.

Ich verziehe mich in den eiskalten See. Wenn er lieber mit seiner »Mutti« speisen will – bitte.

»Mutti« lerne ich eine Woche später auf seiner Geburtstagsfeier kennen. Daniel wird dreißig. Die Party steigt im Jugendhaus der katholischen Kirche am Schliersee. Da ist er aufgewachsen. Cocktailkleider, Dirndl und lange Kaminröcke rascheln in dem großen Raum durcheinander. Weißgedeckte Holztische, gelbe Plastikrosen, lila Herzchenballons. »Mir san a bayrische Band«, jodelt die Spider Murphy Gang aus der schepprigen Anlage. Seniorenpärchen drehen sich auf der Tanzfläche. Ich muß auf der falschen Veranstaltung sein.

»Wen suchen Sie?« fragt mich eine paillettenbestickte Mittfünfzigerin. Sie mustert skeptisch meine schwarzen Leggings, den langen Wollpulli, die Lederjacke und mein Geschenkpäckchen mit der silbernen Schleife.

»Ist hier das Fest von Daniel?« frage ich baff.

Die Paillettenbestickte nickt. »Da drüben steckt er.«

Sie deutet auf einen Konfirmanden mit gepunktetem Schlips und steifem Hemdkragen, der neben einer Matrone im aufgerüschten Blumenrock sitzt. Ihre blondgefärbten Haare sind kunstvoll hochtoupiert und sehen aus wie Zuckerwatte.

Ich kneife die Augen zusammen.

Der Bub im Anzug winkt heftig und ruft:

»Hallo, Christine! Komm her! Ich stell' dich meiner Mutter vor.«

Vorsichtig schlängele ich mich durch die Tischreihen. In bunter Reihe sitzen Alt und Jung zusammen. Offensichtlich haben Daniels Freunde die gesamte Verwandtschaft angeschleppt. Daniel gibt mir wie einer entfernten Kusine einen flüchtigen Kuß auf die Wange. Ich setze mich den beiden gegenüber. Das also ist »Mutti«. Kokett steckt sie sich eine »Eve« in ihre lange Zigarettenspitze, klimpert mit blaubemalten Augenlidern und reicht sie Daniel. »Zünd sie mir an!«

Merkwürdig. Daniel raucht doch sonst nicht.

Er lächelt entschuldigend zu mir herüber. »Mach' ich immer. Meine Mutter findet es unweiblich, sich selbst eine Zigarette anzuzünden.«

»Danke, mein Sohn«, flirtet »Mutti« und schenkt mir über die aufgeblasene gelbgrüne Plastiktorte hinweg ein triumphierendes Lächeln.

Dann erzählt sie, wie grauenhaft Daniels frühere Freundin war. Daß die nie akzeptierte, daß er seine Mutter liebt. Und daß sich der Junge sowieso erst mal austoben und an feste Beziehungen frühestens mit vierzig denken sollte.

»So ein Mädel behindert nur seine Karriere. Nicht wahr, mein Schatz?« säuselt sie.

Der Schatz schweigt und grinst. Ich könnte ihm ein paar ins Gesicht klatschen. Offensichtlich hat er der unverschämten Ziege nichts von uns erzählt. Warum verheimlicht er mich? Na, warte! Freundlich zirpe ich: »Daniel, willst du mein Geschenk nicht auspacken?«

»Sicher. Bin schon ganz neugierig.«

Seine dicklichen Finger mit den kurzgeschnittenen Nägeln reißen das Papier auf. Er hält etwas Schwarzes, Seidiges in die Höhe und schaut das Ding ungläubig an. Alle anderen am Tisch kichern und kreischen.

»Schau mal! Daniel hat Reizwäsche geschenkt bekommen.«

Daniel wird puterrot, knubbelt den Slip in die Box zurück. Seine Mutter schaut pikiert zur Seite. Nun bin ich diejenige, die beide anstrahlt.

Ein kurzer Sieg.

Jetzt kümmert sich meine neue Liebe überhaupt nicht mehr um mich. Aber um so mehr um seine Mutter. Er holt ihr Schweinebraten mit Kraut vom Buffet, Apfelstrudel mit Vanillesoße als Nachspeise, er tanzt mit ihr den Schneewalzer.

»Sing doch was«, bettelt seine Mutter nach vier Gläschen Rotwein.

Daniel tuschelt mit vier Bauernburschen, und alle setzen sich mit Gitarre auf den Boden. Sie singen »Gute Nacht, Freunde, es wird Zeit für mich zu gehen«. Richtig. Es wird allerhöchste Zeit. Ich ziehe meine Lederjacke an und verlasse die Pfadfindergruppe.

Dieser Abend gibt mir schwer zu denken, aber von meinem »Harry-und-Sally«-Trip will ich trotzdem nicht runter. Jetzt habe ich mich schon mal in einen ganz normalen Mann verliebt, da kann ich nicht sofort beim ersten Problem das Handtuch werfen. Während ich die fünfzig Kilometer über die Autobahn düse, krame ich in meinem Kopf nach Entschuldigungen. Vielleicht verstehe ich die oberbayrische Herzlichkeit nicht. Und ein Sohn kann sich seine Mutter auch nicht aussuchen. Zu Hause rede ich mit Henry Miller darüber.

»Was ist bloß los mit Daniel? Der ist wie verwandelt. Daß der 'nen Hang zum Spießer hat, ist mir vorher nie aufgefallen. Und diese Ätzveranstaltung! Und diese schreckliche Mutter! Oder hältst du mich für voreingenommen?«

Henry Miller überlegt. Sein buschiger Schwanz peitscht von links nach rechts.

»Wenn du ›Muttis‹ blödes Gesicht gesehen hättest, als Daniel den Tanga auspackte. Du hättest dich beömmelt vor Lachen.«

Henry Miller lacht nicht, sondern geht auf sein Katzenklo und pinkelt. Ich hole mir eine Diät-Cola aus dem Kühlschrank und setze mich im Wohnzimmer aufs Sofa.

Henry Miller kommt, springt mit einem Satz auf meinen Schoß und tröstet mich mit seinem tiefen Brummen. Seine rauhe Zunge leckt meine Hand, und ich kraule ihn hinter den Ohren.

Gut, daß wenigstens Henry Miller mich versteht.

Ich liege mit Fieber im Bett. Triefnase, meine Augen sind rot, meine Glieder bleischwer, mein Kopf dröhnt. Grippe ist schrecklich, besonders wenn man allein ist. Ich träume von Daniel, der mir liebevoll übers Haar streicht, mich tröstet, der einkauft, mir eine Rinderbrühe kocht und mit mir Back Gammon spielt. Aber Daniel ruft nicht an. Keine Blumen, kein Besuch und schon gar keine Rinderbrühe.

Um nicht ständig darauf zu lauern, ob das Telefon klingelt, schaue ich mir eine Endlosserie nach der anderen im Fernseher an. Aber ich kann nicht abschalten. Wahrscheinlich ist Daniel sauer wegen seiner Mutter und dem Tangamodell. Ich hasse Katz- und Mausspiele. Ich rufe in seiner Kanzlei an.

»Ach, du Arme! Dann pfleg dich mal schön! Bin grad total im Streß. Ich melde mich. Küßchen!« sagt er gut gelaunt und legt auf. Ich starre den Telefonhörer an. Früher kam Daniel sofort angespurtet, wenn ich krank war oder meinen Frust loswerden wollte. Und heute? Ist er wirklich so im Streß? Und dann erzählt mir meine Freundin Claudia am Telefon, daß Daniel abends mit ihr zum Italiener essen und danach ins Kino gehen will.

Ich fühle mich, als hätte ich einen Schlag in den Magen bekommen.

Den Rest des Tages liege ich im Bett und starre an die Decke. Wehmütig denke ich an die Zeit zurück, als Daniel nicht mein »Harry«, sondern einfach nur ein aufmerksamer, verständnisvoller Freund war.

Am nächsten Abend klingelt es plötzlich an meiner Haustür.

Ich schlurfe in meinen Snoopy-Pantoffeln zur Tür, spechte durch den Spion und blicke in Daniels ewig grinsendes Pfannkuchengesicht. Na, herzlichen Dank! Überfälle dieser Art liebe ich besonders. Er hätte sich ja wenigstens anmelden können. Meine Haare hängen so traurig herunter, wie ich mich fühle. Ich trage wieder meine dottergelbe Jogginghose und bin blaß wie die Wand. Und nervös bin ich auch. Leider! Aber das soll er auf keinen Fall merken. Schnell male ich mir die Lippen rotbraun an und öffne.

»Hallo, schön, dich zu sehen. Wie geht es dir?« fragt er mit einem Singsang in der Stimme und schaut auf meine Labberhose.

»Gut. Bestens«, sage ich und schaue auf seinen dicken Bauch. Ich versuche cool zu bleiben. Wir setzen uns an den Küchentisch. Er plaudert über den Film »Der Mann der Friseuse«, den er mit Claudia im Kino gesehen hat. Die komischen Tanzszenen, bei denen er fast vom Stuhl gekippt wäre, und die Unmengen Popcorn, die er dabei gefuttert hat.

Ich mache uns einen Cappuccino, schäume wild die Milch auf und ordne meine Gedanken. Keine Vorwürfe, mahne ich mich selbst. Dann setze ich mich zu ihm und sage ganz lieb, ganz ruhig, wie sehr ich mich über sein Verhalten wundere. Daß ich von meinem Partner erwartet hätte, daß er sich um mich kümmert, wenn es mir schlechtgeht.

»Tut mir leid, aber ich hab' dir doch gesagt, daß ich im Streß bin. Und außerdem bin ich ja jetzt hier«, sagt Daniel.

Wieder einmal weicht er mir aus. Doch diesmal nagele ich ihn fest. Ich bohre weiter.

»Die Komödie können wir uns doch sparen! Hast du keinen Bock mehr, oder was?«

Er wirft Zuckerwürfel in den Kaffee, die braune Brühe spritzt auf den Glastisch. Nervös knibbelt er an seinen Nägeln und stößt hervor:

»Quatsch! Wie oft muß ich mich denn noch entschuldigen?« Anschließend erzählt er kurz, daß er morgen nach Berlin fliegt, sich von dort ganz sicher meldet. Aber jetzt muß er gehen. Eine Party bei Freunden. Kein liebes Wort. Kein Kuß, keine Berührung. Das war's dann wohl!

Natürlich ruft Daniel nicht aus Berlin an. Hätte mich auch gewundert. Inzwischen habe selbst ich kapiert, daß es bei uns mit Harry und Sally nichts wird. Eine Schnapsidee, mich in diese Geschichte so reinzusteigern. Ich versteh' ja, daß Daniel eigentlich nicht zu mir paßt. Was ich aber nicht verstehe, ist, warum Daniel, der so ein guter Freund war, als Mann so jämmerlich versagt hat.

Einige Monate später flattert ein Brief von ihm ins Haus.

Liebe Christine,

ich habe lange über uns nachgedacht. Erst jetzt ist mir klargeworden, warum unser Beziehungsversuch so grandios im Graben endete. Ich war einmal wahnsinnig in Dich verliebt und habe Deine Stärke und Deine Eigenständigkeit bewundert. Doch dann hast Du mich mit Deinen neuentdeckten Gefühlen völlig überrumpelt. Über dieses unerwartete Geschenk habe ich mich gefreut wie ein Kind über ein lang ersehntes Spielzeug, mit dem es schon nach wenigen Tagen nichts Rechtes anzufangen weiß. Trotzdem danke!

Erinnerst Du Dich daran, daß ich Dir damals sagte, Du verliebst Dich immer in die Falschen – versuch's doch mal mit einem ganz normalen Mann. Das war ein schlechter Rat von mir, denn die Falschen waren doch die Richtigen.

Viel Glück für den nächsten Versuch

Mit ganz normalen Grüßen

Dein Daniel

Joseph von Westphalen

WARUM ICH TROTZDEM SEITENSPRÜNGE MACHE

Jede Institution muß hintergangen werden. Da sind wir uns hoffentlich einig. Ohne diese Maxime wäre es nicht auszuhalten. Oder findet sich jemand, der allen Ernstes behauptet, man müsse sich zu Einrichtungen wie Versicherungsanstalten, Deutschen Banken, Schulen, Wehrpflicht, Finanzämtern, Sendeanstalten und polizeilichen Meldepflichten loyal und partnerschaftlich verhalten? Das alles sind Ordnungssysteme, die nur erträglich sind, wenn man sie elegant umgeht.

Nicht anders ist die Ehe, vom Staat gewünscht zur Erhaltung von Zucht und Ordnung und zur geregelten Vermehrung von Nachwuchs, und von der Kirche seit Jahrtausenden mit dem penetranten Gebot versehen, einander treu zu sein; ein absurdes Gebot, wie es nur von einer Institution ausgeheckt werden konnte, die sich ein noch absurderes Ding wie das Zölibat einfallen ließ. Wes Hirn dergleichen ersann, des Lied ich nimmer sing.

Aber Schluß mit den Ketzereien jetzt, uralte Hüte, die

Pfaffen wurden früher schon besser gescholten, und die Ehe hat kulturgeschichtlich insofern ihre Verdienste, als die halbe Weltliteratur ohne das Thema Ehebruch nicht geschrieben worden wäre.

Die Probleme haben sich heute verlagert. Von Ehebruch spricht keiner mehr, das Wort stirbt aus, und wenn auch ein Liebhaber altmodischer Wörter, bedaure ich den Hingang dieses Wortes nicht, das ein unvermeidliches Gelüst in die Gegend des Verbrechens stellt.

Heute geht man fremd, heute macht man Seitensprünge. Die Sache hat an Tragik verloren, aber auch an Gewicht; Untreue ist Stoff für die kleine Komödie. Oswalt Kolle hat in den 60er Jahren den Seitensprung als belebendes Element der modernen Ehe propagiert, und es ist ein Skandal, daß der revolutionäre Arzt noch immer nicht ins Konversationslexikon eingegangen ist, im Gegensatz übrigens zu dem kulturgeschichtlich völlig bedeutungslosen Franz Beckenbauer, den ich hier, ohne ihn zu kennen, aus einer unsinnigen persönlichen Aversion heraus erwähne. Ich finde nämlich, er sieht so aus wie ein Seitenspringer von der pampig-frivolen Art, wie sie mir höchst zuwider ist.

Oswalt Kolle hat ein Bedürfnis der ehelichen Massen ausgesprochen und damit das Niveau für die Diskussion vorgegeben. Fortan war man zur Duldung der Untreue bis hinunter in die tiefste Illustriertenebene bereit. Seitdem beschwichtigen die Ratgeberecken selbst der reaktionärsten Zeitschriften aufgewühlte Eheleute aus Wuppertal und Nürnberg-Fürth, wenn der Partner fremdging: Nicht gleich die Flinte ins Korn werfen, heißt es, nicht schießen und scheiden, sondern Ruhe bewahren und miteinander reden: »Kaufen Sie eine gute Flasche Wein, ziehen Sie sich nett an und reden Sie mit Ihrem Partner.« Dies ist tatsächlich eine Art Fortschritt gegenüber dem späten 19. Jahrhundert, wo solche Delikte mit sofortiger Existenzvernichtung mittels Duell oder fristlosem Rausschmiß der windigen Gattin beantwortet wurden.

Aber der Fortschritt hat bekanntlich zwei Gesichter, nicht nur der technologische. So hat die Popularisierung des Seitensprungs die spießigsten Folgen. Was sich an den Rändern der heutigen Ehen abspielt, ist oft hundsgemein und schmuddelig. Vom Fernsehshowmaster bis zum Fernsehshowzuschauer – alles schmierig, dreist und grinsend, ohne Pfiff und Galanterie.

Und nichts ist verlogener als die neue deutsche Offenheit. Es ist wie mit der Abtreibung. Theoretisch ist man für Liberalisierung. Jeder billigt jedem Seitensprünge zu; kaum aber fühlt man sich persönlich in Mitleidenschaft gezogen, beruft man sich auf die Bibel oder wenigstens auf die monogamen Graugänse von Konrad Lorenz. Dabei bewahren die Frauen aufgrund ihrer langen Dulder-Geschichte noch mehr Haltung als die Männer. Der Mann nämlich, diese dumme Sau, dieser jahrtausendealte Betrüger seiner Frau, hat noch immer nichts begriffen. Erfährt er vom Seitensprung seiner Frau, kennt sein Jammer keine Grenzen. Dabei begreift er sein eifersüchtiges Sichwinden womöglich noch als Folge der neuen deutschen Leidenschaft, die er sich spätestens seit Ansicht des »Carmen«-Films zu eigen gemacht hat.

Wagt er es allerdings, nach Art alter Gentlemen souverän zu lächeln und seiner Frau beste Glückwünsche zu übermitteln, so wird ihm die Gattin sogleich fehlende Liebe vorwerfen. Das Dilemma ist perfekt.

Daneben aber werden immer mehr Seitensprünge ohne großen Aufruhr vollzogen. Diese Seitensprünge auf der Höhe ihrer Zeit riechen nach moderner Büroeinrichtung und mittelgroßen BMW-Autos, nach balzhaftem Autoschlüsselgeklimper, nach sportlichen Nappalederjacken, Tastentelefonen, nach verglasten Nostalgiepostern an überweißen Wänden und Teppichböden aus Velours: »Komm, sei nicht so, Julia, Monika hat sicher nichts dagegen und dein Wolfgang doch auch nicht!« – »Machst du mir noch einen«, haucht Julia und deutet auf ihr riesengroßes leergetrunkenes Cocktailglas. Seitensprünge aus dem Prospekt: alles käuflich, alles erlaubt, alles halb so schlimm, alles klar, alles schon irgendwie okay. Es herrscht ein furchtbarer Mangel an Stil und Raserei, keine Heimlichkeiten, keine glühenden Gedanken.

Die Lage ist trüb. Auf der einen Seite produzieren Seitensprünge ebenso heftige wie lächerliche Schmerzen und körpersprachlich gänzlich mißratene Veitstänze der Eifersucht, auf der anderen entlädt sich die muffelige Lüsternheit von Betriebsausflügen im phantasielosen Gerammel in fremden Betten neben blinkenden Digitaluhren. Dies allerdings ist kein Grund, sich der neuen deutschen Treue zuzuwenden, die durch die

Angst vor AIDS-Ansteckung schon munter zu keimen beginnt.

Der Seitensprung muß endlich kultiviert und aus den Fängen Kolles und der Illustrierten befreit werden. Die Ansprüche sind hoch: Er darf niemandem weh tun, aber er darf auch niemanden gleichgültig lassen. Er darf nichts Hechelndes, Nestelndes, Flüchtiges haben, und er darf nicht ohne Liebe sein. Denn das Bild vom Bürger, der sich den reinen Sex gelegentlich außerhalb seines Schlafzimmers bei einer Mieze holt, ist eins der klebrigsten Klischees. Es darf nicht kitschig zugehen. Keine Kerzen! Keine langstieligen Gläser! Man sieht: Die Gesetze der freien Liebe sind strenger noch als Gottes Zehn Gebote. Die Geliebten dürfen nicht das blanke Gegenteil der Ehepartner sein, weil auch das ein alter Hut ist: die blonde Gattin und die rassig-schwarze Geliebte, das wäre ja ganz schön, aber es ist irgendwie zu billig; analog ist der plumpe, phantasielose Geld-Gatte und der feingliedrige bitterarme Poet eine zu naheliegende Kombination. Das sieht ja so aus, als holte man sich von außen etwas, das man in der Ehe nicht bekommt, was nun auch wieder ein entsetzlich herkömmlicher Grund ist. Daher sollte die Geliebte auch nicht mehr als sieben Jahre jünger sein als die Ehefrau; der knackige Hintern ist zwar etwas Schönes, ihm aber hinterherzulaufen ist die Art von schlüpfrigen Silbergreisen. – Es dürfen aber die Geliebten auch nicht aussehen wie die Ehefrauen, was eigenartigerweise häufig vorkommt. Das ist doch albern. Und die ideale Geliebte schließlich darf nichts Saugend-Forderndes, nichts Triumphierendes, aber auch nichts Bescheiden-Abwartendes haben. – Regeln, Regeln, wohin man sieht; aber sie sind nötig. Denn nehmen die Seitensprünge überhand, wird man zur Witzfigur. Kehrt der Seitenspringer oder die Seitenspringerin heim, dann darf kein Verhör stattfinden, doch auch kein dumpfes Schweigen. Ideal ist ein ironischer Empfang, bissig, aber nicht bitter.

Und nie, nie, nie darf der Seitensprung in der Faschingszeit stattfinden! Dann, wenn die Hoppelherde ihn am ehesten zu dulden bereit ist, wenn die verkaterten Pappnasenmänner und -frauen zur Nachsicht ebenso bereit sind wie zum Blitzakt hinter der Garderobe, wenn der Seitensprung schon fast als nötige Würze der närrischen Tage angesehen wird – dann will ich herzlich gern keusch und asketisch sein.

Der Seitensprung ist ein Phantom und ein Symbol für die Unvereinbarkeit verschiedener Interessen und für die furchtbare Tatsache, daß des einen Glück des anderen Unglück sein kann. Die Psyche ist barbarisch organisiert. Etwas so Heiteres und Wichtiges und Würdiges, etwas so Notwendiges wie gelegentliche Sprünge ab von der festgelegten Bahn in Greisenalter und Tod, etwas so Harmloses wie ein Nachmittag auf einer Sommersonnenwiese soll einen so abscheulichen Wolkenwust von aufgetürmten Konflikten zwangsläufig nach sich ziehen? Das sähe der Welt ähnlich, daß sie solche Naturgesetze ausheckte, die noch die staatlichen Gesetze an Grausamkeit übertreffen. Und wenn es so wäre – an solche Naturgesetze weigerte ich mich zu glauben, und wenn auch alles dafür spricht. Lieber verlasse ich hier meinen sorgsam gehüteten Standpunkt der Vernunft und mache gleich einen Doppelsprung: nicht nur zur Seite, sondern auch noch ins suspekte Lager der Spinner. Das ist mir die Sache wert. Wenn die Vernunft unerträglich wird, darf sie verraten werden. Und so behaupte ich steif und fest, daß sich Naturgesetze umgehen lassen. In diesem Fall schon.

Missfits

NACHT DER LANGEN MESSER

Sie würde ihr schönstes Kleid anziehen. Sie wollte gut aussehen, wenn er starb. Sie würde zur Kosmetikerin gehen und zum Friseur, würde in ätherischen Ölen baden und sein Lieblingsparfum auflegen, einen Tisch bei »ihrem« Italiener bestellen und einen schönen Abend mit ihm verbringen. Sie würde charmant sein, witzig und intelligent und vor allem kooperativ – er liebte sie nicht mehr, sondern eine andere. Das konnte passieren. Sie würde ihn anschließend noch auf einen Kaffee zu sich einladen, er würde annehmen. Sie würden ein wenig plaudern. Und dann würde sie ihn töten. Sie wußte nur noch nicht, wie.

Sie lag in ihrem Bett, trank Wein, rauchte eine Zigarette und dachte nach. Es war 2 Uhr 44. Was macht eine Frau, nachts, allein, wenn sie nicht schlafen kann und er bei einer anderen ist? Sie denkt nach. Geweint hatte sie genug. Von lautlosen Tränen, die einfach nur aus den Augen laufen und laufen, bis hin zu den schmerzhaften, abgehackten atemlosen Aufschluchzern, die von ganz tief unten kamen und diese Leere verbreiten. Jetzt war sie ruhig. Einfach nur ruhig. Und hellwach. Die letzten Tage kamen ihr vor wie ein schlechter Traum – nur es war kein Traum. Er hatte sie verlassen. Nein: er hatte sie betrogen. Aber das war für sie ein und dasselbe. Sie war keine Frau, die eine andere neben sich ertrug. Nicht mehr. Sie kannte das. Er war ja nicht der erste Mann in ihrem Leben. Aber sie hatte geglaubt, mit ihm wäre es anders. Irrtum. Aus Fehlern wird man klug. Immer wieder.

Sie hatte nur das Nötigste gefragt: Gibt es sie schon länger? Ist sie jünger als ich? Wirst du sie wiedersehen? Ja. Ja. Und nochmal: ja. Was ist mit mir? Mit uns? Seine Antwort: Ich weiß es nicht. Eine seiner Standardantworten in schwierigen Situationen. Sie hatte nichts mehr gefragt, nichts mehr gesagt. Hatte einfach nur dagesessen und ihn angesehen. Er war ihrem Blick ausgewichen und hatte geschwiegen. Im Schweigen war er schon immer ein Weltmeister gewesen.

Sie hätte ihn erschießen sollen. Sofort und auf der Stelle. Ein gezielter Schuß zwischen seine unwiderstehlich blauen Augen. Sie hatte es nicht getan. Sie besaß keinen Revolver. Sie würde sich einen anschaffen. Gleich morgen.

Sie hatte ihn gebeten zu gehen, und er war gegangen. Er hatte hilflos, aber auch erleichtert ausgesehen. Als er die Tür leise hinter sich zugezogen hatte, hatte sie ihr Rotweinglas an die Wand geschmissen, was einen häßlichen Fleck auf der sonnengelben Tapete hinterließ. Dann hatte sie das Licht gelöscht, war ins Bett gekrochen und hatte die Bettdecke über den Kopf gezogen. Was albern war, weil sie schon nach kurzer Zeit keine Luft mehr bekam. Sie hatte es noch nie ertragen können. Genausowenig wie sie es ertrug, beim Schwimmen gedöppt zu werden. Er hatte sie immer gedöppt. Dieser Idiot. Und wenn sie japsend, zornig und atemlos wieder aufgetaucht war, hatte er gelacht und sie geküßt, und er küßte gut … Jetzt küßte er eine andere.

Sie würde ihn ertränken. Sie würde ihn zu einem mitternächtlichen Schwimmen verführen und ihn ertränken. Sie würde seinen Kopf immer und immer wieder hinunterdrücken und ihn lange, lange unter Wasser halten … kein Lachen, kein Kuß. Schluß.

Sie zog an ihrer Zigarette und betrachtete ihre Füße, die unter der Bettdecke hervorlugten. Sie mochte ihre Füße nicht besonders. Leichte Klöppelzehen, mit Hang zu Hühneraugen. Sie war eine durchschnittlich gutaussehende Frau, nur ihre Füße fand sie unsäglich. Sie trug im Sommer nie Sandalen. Er hatte das nie verstanden. Er fand ihre Füße völlig in Ordnung. Hatte sie geküßt, jeden Zeh einzeln, sie sandalenfeindlich genannt und sie zum Lachen gebracht. Mit ihm konnte sie immer so wunderbar lachen. Aber jetzt liebte er eine andere. Ob sie schönere Füße hatte? Darüber hatte sie noch gar nicht nachgedacht. Sie hatte über alles mögliche nachgedacht: Sieht sie besser aus? Ist sie besser im Bett? Was hat sie, was ich nicht habe? Was habe ich falsch gemacht? Die ganzen dummen Fragen …

Sie hatte in dieser Nacht lange ins Dunkle gestarrt, geweint und irgendwann nichts mehr gespürt. Dann war es draußen hell geworden. Sie hatte nicht geschlafen. Sie hatte geduscht, gefrühstückt wie jeden Morgen, war zur Arbeit gegangen, wie jeden Morgen. Sie hatte die Dinge getan, die getan werden mußten. Alles war wie immer und doch anders. Sie bewegte sich durch den Tag wie durch Watte. Als sie abends nach Hause kam, fand sie eine Nachricht von ihm: Es tut mir leid, daß ich dir so weh tue. Sie hatte ihren Mantel genommen und war ins Kino gegangen. Sie hatte einen lustigen Film gesehen und kein einziges Mal gelacht. Wieder zu Hause, hatte sie das Telefon neben ihr Bett gestellt. Hoffnung. Sie rauchte viel und tat nichts. Außer im Bett liegen und warten. Das Telefon klingelte nicht, und sie rief auch nicht an. Irgendwann schlief sie ein. Sie schlief schlecht. Ein neuer Morgen ohne ihn. Ein neuer Tag in Watte. Sie hatte geduscht, gefrühstückt und war zur Arbeit gegangen. Sie hatte versucht, nicht an ihn zu denken. Was ihr nicht gelang. Als sie nach Hause kam, gab es keine Nachricht von ihm. Sie rief weder ihn noch sonstwen an. Sie wollte keinen Trost, keine Belehrungen, keine Ratschläge. Am dritten Tag hatte sie Magenschmerzen, als sie abends ihre Wohnung betrat. Am vierten Tag meldete sie sich krank. Sie blieb den ganzen Tag im Bett und aß keinen Bissen. Sie rauchte und weinte. Am späten Abend gab es keine Tränen mehr. Es war aus. Aus und vorbei. Sie wußte: Liebe kommt, Liebe geht.

Sie wußte, daß es weh tut, wenn Liebe geht. Sie wußte, es gibt keine Prinzen und keine ewige Liebe. Sie lebte in einem aufgeklärten Zeitalter. Vier Jahre – laut

Statistik hielt die moderne Beziehung vier Jahre. Anderthalb hätte sie also noch gut. Aber dazu müßte sie eine *ménage à trois* akzeptieren, was sie nicht konnte. Sie war nicht die Frau, die teilte. Vielleicht war das altmodisch, aber so war sie. Sie hatte immer darauf geachtet, nie Geliebte eines verheirateten Mannes zu werden, so wie sie darauf geachtet hatte, nie Ehefrau zu werden oder in eheähnliche Zustände zu geraten. Sie waren nicht zusammengezogen, obwohl es Momente der romantischen Sehnsucht nach trauter Zweisamkeit gegeben hatte. Sie hatte darauf geachtet, getrennte Wohnungen zu behalten – aber doch nicht, damit er in Ruhe eine andere vögeln konnte, während sie sich liebevoll an ihn denkend in ihre eigenen Kissen kuschelte. Wie dumm sie war. Sie hatte ihm keine Szene gemacht. Sie hatte keinen Autolack zerkratzt, keine Reifen zerstochen, keine Antenne verbogen. Sie hatte ihn noch nicht einmal angeschrien. Es hätte nichts gebracht. Er war mit ihren Gefühlsausbrüchen noch nie zurechtgekommen. Sie war ein braves Mädchen. Brave Mädchen schlugen nicht, fluchten nicht und warfen nicht mit Gegenständen. Brave Mädchen wuchsen zu friedfertigen, verständnisvollen Frauen heran – so verständnisvoll, daß man sie gefahrlos belügen, betrügen, verlassen und vergessen konnte. Heute nacht war sie ein böses Mädchen. Sie würde ihn töten. Im Geiste ging sie ihre Messersammlung in der Küche durch. Das große Brotmesser, das Fleischmesser, das scharfe Tranchiermesser … Es würde viel Blut geben. Das könnte sie nicht ertragen. Es erschien ihr unappetitlich, fast unästhetisch. Nein, sie würde ihn vergiften. Sie würde ihm ein Mittel in seinen Espresso mischen. Er würde ahnungslos trinken. So wie sie ahnungslos mit ihm gelebt hatte, ohne zu wissen, daß es schon längst eine andere gab. Sie würde zusehen, wie er starb. Sie würde dasitzen, in ihrem schönsten Kleid. Sie würde bezaubernd aussehen. Und zusehen. Lächelnd. Wie er sich vor Schmerzen winden würde. Tut mir leid, daß ich dir so weh tue … Sie freute sich auf seinen fassungslosen Blick.

Sie zündete sich eine neue Zigarette an, nippte an ihrem Rotwein und räkelte sich in den Kissen. Vergiften war so typisch weiblich. Besser erwürgen. Ob sie genügend Kraft dazu hätte? Vielleicht mit einem Seidenschal von hinten, wie in den Krimis? War der Halstuchmörder bei Durbridge nicht auch eine Frau gewesen? Sie erinnerte sich nicht mehr. Egal. Zu hinterhältig. Hinterrücks erwürgen war feige. Sie wollte ihm in die Augen sehen können. Vielleicht doch vergiften? Sie würde herausfinden, welche verschiedenen Gifte es gab. Gleich morgen … Sie wurde schläfrig. Seit Tagen mal wieder wohlig müde. Sie zerdrückte ihre Zigarette in dem überfüllten Aschenbecher und löschte das Licht. Er hatte nie verstanden, daß sie in einem verqualmten Zimmer einschlafen konnte, wo sie doch sonst so gewissenhaft und ordentlich war. Er hatte vieles nicht verstanden. Und würde nicht verstehen.

Sie kuschelte sich in ihr viel zu großes Bett und wünschte, er wäre da. Einfach nur da. Er würde neben ihr liegen, sie würde seine Nähe spüren, und obwohl es stockfinster wäre, würde er flüstern: ich seh' dich. – Ich dich auch. Aber das war vorbei.

Als sie am nächsten Morgen die Nachricht von seinem Tod erhielt, war sie fassungslos. Sie weinte. Sie war wütend. Ein Autounfall. Wie unspektakulär. Mit 140 gegen die Leitplanke. Er war schon immer ein schlechter Autofahrer gewesen. Zu schnell, zu riskant. Es hieß, er war sofort tot. Er hatte ihr keine Chance gelassen. In drei Tagen war die Beerdigung. Sie würde einen großen Strauß rosa Nelken kaufen und sie ihm mit ins Grab geben. Das war das mindeste, was sie tun konnte. Er haßte Nelken, hatte sie schon immer gehaßt, besonders rosafarbene.

Sie stand auf und duschte, wie jeden Morgen. Sie duschte lang und ausgiebig. Sie frühstückte, wie jeden Morgen, und ging zur Arbeit, wie jeden Morgen. Sie trug ihr schönstes Kleid.

Doris Lerche

POST AUS THAILAND

Ich beneide Marita.

Sie verstand es schon immer blendend, Gefühl und praktisches Interesse in Einklang zu bringen. Allein, wenn man unsere Liebhaber vergleicht:

Meine waren eine nicht enden wollende Kette von neurotischen Spinnern, Alkoholikern, erfolglosen Dichtern und Kleinkriminellen.

Ihre Sammlung bestand aus Architekten, festangestellten Psychologen, Modedesignern oder Restaurantbesitzern.

Ich setzte auf Gefühl und Spontaneität, sie setzte auf die Zukunft und finanzielle Sicherheit.

Selbstverständlich habe ich Leute wie sie früher verachtet und war überzeugt, den Vogel des Lebens abgeschossen zu haben.

Nun habe ich zu meiner Überraschung die Fünfzig erreicht, hause noch immer in einer winzigen Dachwohnung, die mal als Provisorium gemeint war (mit Duschkabine in der Küche), und frage mich, ob mein unverwüstlicher Glaube an die Liebe nicht auch etwas

Weltfremdes hat. Ja, schlimmer: ob ich nicht am Glück vorbeigestolpert bin, das jetzt dick und vollgefressen einer Marita im Schoß sitzt.

Heimfried hieß er. Wir begegneten uns unten bei Hertie am chinesischen Imbiß. Er bestellte Reiswein und eine Frühlingsrolle – »Bitte ohne Soße!« Als die Reihe an mich kam und ich dasselbe verlangte mit denselben Worten, lachten wir uns an. Er sah aus wie ein Penner: dichter rotweißer Bart, geringeltes Wollmützchen und abgelatschte Schuhe. Auf dem Rücken trug er einen kleinen Rucksack, in dem er – wie sich später herausstellte – sein Butterbrot und jede Menge Bücher verwahrte. Da die Heizung in seiner Kellerwohnung nicht funktionierte, verbrachte er den größten Teil der Winterzeit in Cafés, wo er dicke philosophische Wälzer durcharbeitete. Seine Mutter schickte ihm gelegentlich einen Scheck, damit er sich einen neuen Wintermantel oder warme Socken kaufen konnte. Da er keinem energieaufzehrenden, phantasieabtötenden Beruf nachging wie alle anderen Männer, erwies er sich als einfallsreicher und unermüdlicher Geliebter. Meine Wohnung war zwar ebenso winzig wie seine, aber die Heizung fiel seltener aus, so nahm ich ihn mit zu mir.

Meine Freundin Marita rümpfte die Nase, als sie ihn das erste Mal erblickte, versuchte aber mir zuliebe ein Gespräch mit ihm und wollte mich anschließend unter vier Augen davon überzeugen, daß ich mir Männer wie ihn nicht leisten konnte, daß ich – unbelehrbar – wieder mal über meine Verhältnisse lebte. Im Hochgefühl meiner Verzückung lachte ich sie aus.

Die Nächte mit Heimfried waren hinreißend, die Tage im Büro öde. Ich hatte einen kleinen Job als Aushilfssekretärin. Wie in Trance saß ich vor meinem Computer und tippte wochenlang so viele unglückliche Fehler, daß man mich nach mehreren Ermahnungen entließ.

Ich nahm meine Tasche, suchte mir ein sonniges Bänkchen auf dem nahen Friedhof, wo ich meine Mittagspausen zu verbringen pflegte, und glotzte selig über die vermoosten Gräber.

Nun hatten wir endlich unbegrenzt Zeit, einander zu genießen. Gelegentlich schwebte ich hinüber zum Penny-Markt und kaufte Tütensuppen und Dosengemüse auf Vorrat, um das Bett nicht zu lange auskühlen zu lassen. Wenn – selten genug – Besuch kam, tappte ich im schmuddeligen Morgenrock und mit bettzerzaustem Haar an die Tür und ließ, grinsend wie eine Bekloppte, Freund oder Freundin ein, bot ihnen Kaffee und harte Kekse an und versuchte glücklich lallend eine Konversation.

Irgendwann kam Marita uns besuchen, besorgt, weil ich mich so lange nicht gemeldet hatte. Sie war ganz in Pink und Schwarz, mit glitzernden Beinen. Ihr prüfender Blick durch die Küche weckte mich jäh aus meiner Benommenheit. Plötzlich sprangen mir Berge von schmutziger Unterwäsche ins Auge, leere Chips-Tüten und zerknüllte Tempotaschentücher, Massen von benutzten Weingläsern, Teller mit Essensresten, Tassen voller Zigarettenkippen und Flaschenkorken. Unter dem Tisch hatte sich, ohne daß es mir aufgefallen war, eine Riesenmenge von Wein- und Bierflaschen angesammelt. Marita, die irgendein seltsames Faible für mich hat – vielleicht liebt sie den Kontrast zu sich selbst, denke ich heute –, legte mir ans Herz, eine Psychotherapie ins Auge zu fassen. Dann fragte sie streng, wie es mit meiner Rente aussehe. Schlecht. Ich habe ja mein Leben lang nur herumgejobbt. Auch eine Lebensversicherung war mir nie in den Sinn gekommen. Marita prophezeite mir ein Ende als Asoziale, mit zotteligen grauen Haaren und heruntergerollten Nylons in Turnschuhen, von Mülltonne zu Mülltonne eilend. Und ich, übermütig vor Liebe, ich lachte nur.

Seltsamerweise haben wir glücklich Verliebten immer wieder die törichte, durch keine gegenteilige Erfahrung zu erschütternde Vorstellung, Liebe und Glück werden niemals enden. Sicher kennen Sie das.

Gottlob ließ sich Heimfried nicht blicken. Zu leicht hätte er Marita weitere Argumente gegen sich geliefert. Er hätte es fertiggebracht, nackt in die Küche zu schlurfen, den Kühlschrank aufzureißen, um ein Bier zu holen, und grußlos wieder im Schlafzimmer zu verschwinden.

Marita erzählte schnell noch, bevor sie ging, sie sei derzeit mit einem Bankdirektorsohn liiert, werde nur noch im Porsche durch die Gegend kutschiert und lasse sich teuer von ihm einkleiden, schließlich war er noch immer verheiratet.

Ich redete mir ein, einen unzufriedenen Zug um Maritas Mund zu entdecken.

Nun geschah es in einer schicksalhaften Fügung, daß Maritas völlig vergessene Tante aus St. Gallen starb und ihr unerwartet eine Supermarktkette hinterließ. Unter Tränen trennte sie sich von ihrem Bankdirektorsohn, der sich entgegen allen Versprechungen noch immer nicht von seiner Frau hatte scheiden lassen und ihr aus Schuldgefühl Kleider, Pelze, Schmuck und den Porsche ließ. Sie verkaufte einen Teil des Vermögens ihrer Tante und erwarb eine kleine Stadtvilla mit Garten.

Für die Liebe hielt sie sich einen einfältigen Bettschatz mit großen melancholischen Augen. Er war Inder. Sie hatte ihn von der Straße geholt, verzärtelte ihn abgöttisch, fütterte ihn mit den edelsten Speisen und kleidete ihn modisch wie eine Barbiepuppe.

Meine Liebe zu Heimfried und meine trunkene Glückseligkeit waren durch nichts zu erschüttern. Selbst dann nicht, als ich mein Erspartes aufgebraucht hatte und wir nur noch von meinem Arbeitslosengeld lebten. Wie unwichtig, fand ich, war doch alles Materielle im Vergleich zu einem erfüllten Liebesleben. Dieser neue Trend zum Luxus, dieses Schwelgen in exquisiten Speisen, diese sich überschlagende Mode, immer kostbarer, immer schneller out – das alles war doch nur Glücksersatz für frustrierte Zeitgenossen.

Wenn Marita uns hin und wieder besuchte und Heimfried sich lobend über ihre extravagante Kleidung äußerte, konnte ich nur lachen. Ich fühlte mich grenzenlos sicher in meiner Liebe. Das verführte mich wohl auch zu einigen unvorsichtigen Handlungen, wie die, daß ich Maritas Einladung zu ihrem Geburtstag annahm. Sie hatten einen Haufen Bekannte eingeladen, alles Akademiker, erfolgreiche Künstler, Filmproduzenten, Bordellbesitzer. Soviel teuren Schmuck, so viele Modellkleider hatte ich noch nie auf einmal gesehen. Ich amüsierte mich, daß ich als einzige in abgewetzten Jeans und ausgebleichtem Sweatshirt kam. Doch als ich Heimfried anschaute, stellte ich zu meiner Überraschung fest, daß er sich unwohl fühlte in seinem bollerigen Jogginganzug. Er, der immer energisch gegen unsere hochindustrielle Gesellschaft und ihren Konsumterror gewettert hatte. Ich war einen Hauch beunruhigt und ließ ihn nicht aus den Augen.

Da er Charme besaß, gewann er im Fluge all die zunächst durch seine ausgebeulten Knie irritierten Besucher. Beiläufig erwähnte er seinen Roman, an dem er seit Jahren schreibe (nur ich wußte, daß er über die erste Seite nicht hinausgekommen war) – und gab sich so apart künstlerisch, daß man von ihm entzückt war und ich mich wieder entspannte.

Nach diesem Abend zeigte sich Heimfried zum allerersten Mal erotisch unwillig. Er holte zwar in den folgenden Nächten sein Versäumnis nach, aber irgend etwas hatte sich verändert. Noch immer war er zärtlich und zupackend wie sonst, noch immer voll schmachtender Hingabe – aber er schien mir eine winzige Spur abwesend. Besonders nachher griff er sehr schnell zur Zigarette und blies nachdenkliche Wolken gegen die Zimmerdecke. Zunächst hoffte ich, das werde sich geben. Aber mit schmerzlicher Enttäuschung mußte ich bemerken, daß diese Zustände von Geistesabwesenheit zunahmen, ja, daß seine Handgriffe immer routinierter wurden und spontane Küsse immer seltener. Ich sprach ihn einige Male auf sein Verhalten an, seine Antworten waren unerwartete Wutausbrüche.

Der Sommer kam, und Heimfried wurde unruhig. Er begann, seine Wanderungen durch die Stadt wieder aufzunehmen, und mehr als einmal wartete ich gramerfüllt zu Hause in meiner kleinen Wohnung, voller Angst, er werde nicht wiederkommen.

Zu allem Elend schossen mir Maritas Warnungen durch den Kopf: Ich sah mich bereits, siebzigjährig, unter dem Vordach der Kaufhalle liegen, im winddichten Anorak von der Sozialhilfe, neben mir ein Stück abgerissener Pappe für die Groschen mildtätiger Passanten.

Ich zog mich von den Menschen, vor allem von Marita zurück. Ihren mitleidigen Blick glaubte ich nicht ertragen zu können.

Heimfried ließ sich immer seltener blicken. Einmal fielen mir seine neuen, teuer verarbeiteten Schuhe auf, ein anderes Mal sein weinrotes modisches Jackett. Peu à peu veränderte sich sein Äußeres. Eines Tages hatte er sogar seine verfilzten Haare von einem Friseur in Form bringen lassen. Er kam höchstens noch auf einen Quicky zwischen zwei Tassen Kaffee und ließ sich nicht halten. Seine Leidenschaft schien er woanders zu leben.

Unglück macht häßlich. Ich sah mich im Spiegel: eine verhärmte Alte, um den Mund einen bitteren Zug, den ich bei Frauen nie mochte.

Wenn Heimfried kam, überfiel ich ihn mit Vorwürfen und Gezeter, wohl wissend, daß ich ihn dadurch immer weiter wegtrieb von mir.

Ich las kluge psychologische Bücher, die mir allesamt

klarmachten, daß die Gefühle kommen und gehen, daß die Liebe ein Kind der Freiheit ist und daß Heimfried nichts anderes getan hatte, als in aller Unschuld seinen neuen Neigungen nachzugeben.

Was sollte ich ihm verübeln?

Bis eines Tages Marita bei mir aufkreuzte, im sonnengelben Stretchmini, auf hohen Hacken schreitend wie eine Siegesgöttin.

Ohne Umschweife, ja, fast mit Genugtuung teilte sie mir mit, daß Heimfried schon seit Monaten zu ihrem Lieblings-Liebhaber avanciert sei, ihr kleiner Inder habe nur noch Ersatzfunktion.

Sie müsse anerkennend zugeben, daß mir mit Heimfried ein hervorragender Griff gelungen sei, auch wenn wir keine Zukunft hätten miteinander, arm wie wir beide seien. Daß sie durch mich seine Bekanntschaft machen durfte, dafür werde sie mir ewig dankbar sein.

Ich warf sie hinaus, was mir heute leid tut. Schließlich folgte sie nur den Gesetzen des Lebens.

Ich bemühte mich, mein einsames Sonnenbänkchen zu genießen, der Himmel war blau wie auf Maritas Ansichtspostkarte, die sie mir aus Thailand schickte, mit lieben Grüßen von Heimfried. Mein Blick schlenderte über die geschmückten Gräber, und ich malte mir aus, unter einem von ihnen läge Heimfried und ich dürfte es pflegen.

Vielleicht brachte er ja eine Amöbenruhr mit.

Sie sehen, mein Glaube an eine göttliche Gerechtigkeit hält sich zäh. Tatsache ist – ich erzähle es ungern –, daß beide nicht nur putzmunter zurückkamen, sondern auch noch ein Kind angesetzt hatten, das – trotz Maritas Alter – komplikationslos entbunden wurde und weder mongoloid noch verkrüppelt war. Nun endlich erfüllte sich Heimfrieds langgehegter Kinderwunsch. Das Gör entwickelte sich zu einem nicht nur hübschen, sondern auch intelligenten Bürschchen, eine Freude für die Eltern.

Viele Nachmittage verbrachte ich nun auf dem Friedhof, in wehmütige Gedanken versunken.

Und Sie werden es nicht glauben: Eines Tages sitzt da doch tatsächlich ein schwarzgelockter junger Mann auf der Nachbarbank und weint. Wir kommen ins Gespräch, und ich erfahre, daß seine Freundin zwei Tage vor der Eheschließung tödlich verunglückt sei. Nun drohe ihm die Ausweisung in den Iran, wo ihn ein schlimmes Schicksal erwarte. Er kenne niemanden hier in der Fremde, der sich seiner annehme, und sei völlig mittellos.

Was bleibt mir übrig, als den Unglücklichen nach Leibeskräften zu trösten?

Dres Balmer

AQUARIUM

Wenn mich das Gedächtnis nicht täuscht, hatte ich diese Bar schon AQUARIUM genannt, bevor ich entdeckte, daß in einem Aufbau der Theke tatsächlich ein kleines Aquarium mit ein paar melancholischen Glimmerfischchen steht, welches mich an Schneewittchens gläsernen Kindersarg erinnert. Es war mir aber bei meinen bisherigen Besuchen in der AQUARIUM-Bar noch nie gelungen, bis zu diesem Bartisch vorzudringen, denn im allgemeinen stehen hier die Menschen so dicht wie Spargel in einer Konservendose. Ich nannte diese Bar immer schon AQUARIUM, weil mich die Menschen, die in den rauchigen Lichtkegeln der Spotlampen stehen, seltsam unterseeisch anmuten, weil sie vom Gedränge der Leiber getragen werden wie Fische vom Wasser, und auch, weil sie sich wie Fische anglotzen, obwohl es wenig zu glotzen gibt, denn es sind jeden Abend dieselben Gäste hier, seit Jahren. Sie glotzen und glotzen, und sobald einer zurückglotzt, glotzen sie in eine andere Richtung. Der Umstand, daß seit Jahrzehnten dieselben Glotzerinnen und Glotzer hierherkommen, heißt aber noch lange nicht, daß unter ihnen eine Vertrautheit entstanden wäre, eher das Gegenteil ist der Fall. Und doch: Ich mag das AQUARIUM. Es ist eine der wenigen Bars, die in dieser braven, arbeitsamen, biederen Stadt länger als bis Mitternacht offen sind, ohne daß man ein Striptease-Programm vorgeführt bekommt, auf das man keine Lust hat. Diesen Vorteil muß man sich allerdings durch exorbitante Preise erkaufen. Am Tag heißt die Regel: Kein Striptease in den Lokalen, wo statt dessen gespeist und Karten gespielt wird, und die Ausnahme heißt Striptease. In der Nacht sind die Verhältnisse in dieser Stadt umgekehrt: Striptease wird in den Lokalen, die über Mitternacht hinaus offen sind, zum Normalfall, und das Nichtvorhandensein von Striptease ist die Ausnahme von der Regel. Am Nachmittag muß, wer es braucht, für Striptease viel Geld hinlegen. Nach Mitternacht muß man viel Geld zahlen für die Abwesenheit von Striptease, indem man etwa für ein extra kleines Fläschchen Mineralwasser von zweifelhafter Naturreinheit dreizehn oder vierzehn Franken hinlegt, was pervers ist, weil es vermuten läßt, Striptease sei der Normalfall, und dessen Abwesenheit die ganz besondere Ausnahme, für die man dreizehn oder vierzehn Franken zahlen muß. Wenn man aber hier für die Abwesenheit von Striptease und ein symbolisches Fläschchen dubiosen Mineralwassers dreizehn oder vierzehn Franken zahlt, dann müßte man nach dieser verkehrten Logik in den Striptease-Lokalen vom Wirt Geld bekommen, doch das geschieht ja nun auch wieder nicht, weil Striptease-Lokale nach Mitternacht die Regel, und Nichtstriptease-Lokale die Ausnahme sind. Wie man es dreht, es kommt finanziell auf dasselbe heraus, ob man ins AQUARIUM geht oder in ein Striptease-Lokal.

Hier stehe ich also. Ich stehe hier. Ich blicke um mich, nicht auffällig, aber ich blicke mich um. Ich blicke alle die unbekannten Bekannten an. Dieser und jene, die ich vom Sehen kenne, blicken kurz zurück, indem sie die Augenbrauen etwas heben, gerade so, als ob die Welt in Ordnung käme, wenn ich hier aufkreuze, und gerade so, als ob für mich die Welt wieder in Ordnung sein müßte, wenn ich mit kurz gehobenen Augenbrauen sehe, daß diese und jener unbekannte Bekannte hier im AQUARIUM ist. Ich hätte gar nichts dagegen, mit jemandem zu reden. Ich würde ganz gerne mit jemandem reden. Ich würde gerne mit einer Frau reden. In einer Bar ist es heutzutage gar nicht so leicht, mit einer unbekannten Frau ins Gespräch zu kommen, und ich möchte gerne mit einer unbekannten Frau ins Gespräch kommen. Wenn ich in eine Bar gehe, tue ich nichts lieber als mit einer unbekannten Frau ins Gespräch zu kommen. Wenn ich es mir richtig überlege, gehe ich sogar in eine Bar, um mit jemandem ins Gespräch zu kommen, und ich gehe ganz sicher nicht in eine Bar, um einfach nur stockfischstumm dazustehen und zu glotzen und nichts zu sagen. Wenn ich in eine Bar gehe, ist es fast mein erklärtes Ziel, mit einem Menschen ins Gespräch zu kommen, und zwar am liebsten mit einer Frau. Das finde ich von vornherein spannend.

Ich gehöre nicht zu jenen griesgrämigen Jazzfans, die

sich einfach nur hinstellen und auf die Musik hören, die aus den Lautsprechern klingt, oder die von einem Pianisten oder von einem Orchester erzeugt wird. Ich gehöre nicht zu diesen Musikliebhabern, die ein Coca-Cola für dreizehn oder vierzehn Franken im extrakleinen Fläschchen bestellen und die dann mit dem Fuß leicht den Musiktakt an die Messingstange unten an der Bartheke schlagen, sofern es ihnen überhaupt gelingt, sich einen Sitz- oder Stehplatz an der Theke zu erobern und sich mit dem Ellenbogen auf ihr abzustützen. Vielmehr gehe ich in eine Bar, um mit jemandem eine Weile zu plaudern, vielleicht auch, um mit jemandem zu scherzen. Ich gehe in eine Bar, um vielleicht zufällig einen alten Bekannten wieder zu treffen, ihm mit der flachen Hand nicht zu stark, was übertrieben wäre, aber doch kräftig, bestimmt und mit Nachdruck auf die Schulter zu schlagen, vielleicht auch, um eine alte Bekannte zu treffen, die ich schon seit Monaten nicht mehr gesehen habe, und ihr drei Küsse leicht auf die Wangen zu hauchen und/oder mir auf die Wangen hauchen zu lassen.

Ich gehe in die Bar, um eine Weile dort zu verbringen, nicht unbedingt, um jemanden Bekannten anzutreffen, sondern eher im Gegenteil, also das Unbekannte, das Neue anzutreffen, kennenzulernen und dann, nach einer Weile, den Hut aufzusetzen und Guten Abend Gute Nacht zu sagen und nach Hause zu spazieren. Ich will mit einer unbekannten Frau ins Gespräch kommen, doch das ist gar nicht so leicht. Die Idee, in einer Bar eine Unbekannte anzusprechen, ist auch etwas gewöhnlich, etwas sehr normal. Ich weiß, daß heutzutage Männer miteinander ins Gespräch kommen sollten, daß Männer über ihre Männergeschichten reden sollten. Wenn Männer miteinander reden, reden sie meistens über ihren Beruf, über ihre Geschäfte auch, oder sie reden über Sport. Manchmal reden die Männer auch über ihre Frauengeschichten, und manchmal sind ihre Männergeschichten Frauengeschichten. Wenn Frauen miteinander reden, reden sie vielleicht auch über Sport, sie reden über ihre Ferien. Von ihren Geschäften reden sie weniger. Vielleicht reden sie über ihre Männergeschichten. Häufiger als Männer über ihre Männergeschichten reden Frauen über ihre Frauengeschichten, und seltener sind ihre Frauengeschichten Männergeschichten, als bei den Männern Männergeschichten Frauengeschichten sind. Manchmal reden die Frauen auch sonst über Geschichten. Ich rede lieber mit Frauen als mit Männern, ich komme lieber mit Frauen ins Gespräch, an der Bar komme ich lieber mit einer unbekannten Frau als mit einem unbekannten Mann ins Gespräch.

Oh boy, ist das schwierig, an der Bar mit einer Unbekannten ins Gespräch zu kommen, eine Wildfremde anzusprechen. Ich kann eine Unbekannte nicht einfach so unvermittelt ansprechen, als ob sie nur darauf wartete, von mir angesprochen zu werden. Das muß ich mir genau überlegen, und da sind ganz genaue Unterschiede zu machen. Ich muß jetzt in mich gehen und mir die Frage stellen: Ist die Unbekannte eine emanzipierte

Frau, oder ist sie das nicht? Das klingt gemeiner, als es ist; das klingt so, als ob ich die Absicht hätte, mir je nachdem, ob ich die Frau für emanzipiert halte oder für nicht emanzipiert, eine Strategie zurechtzulegen. Der Gedanke einer Strategie liegt mir jedoch so fern wie Neuseeland, aber ich will wissen, ob die Unbekannte emanzipiert ist oder nicht. Jetzt schön der Reihe nach. Ich hole mein Taschenlexikon hervor:

> *Emanzipation.* Befreiung von Abhängigkeit und Bevormundung, auch von Beschränkungen und Vorurteilen. Selbständigkeit, Unabhängigkeit; Emanzipation der Frauen, der Sklaven. Vom lateinischen *emancipatio,* »Entlassung eines Sohnes aus der väterlichen Gewalt«.

Da steht, was Emanzipation für die Frau bedeutet, auch von Sklaven ist die Rede, doch mich würde interessieren, wie es, abgesehen von aus der väterlichen Gewalt entlassenen Söhnen, bestellt ist um die Emanzipation der Männer. Schön der Reihe nach. Eine emanzipierte Frau an der Bar erwartet nicht, daß ich sie anspreche. Eine emanzipierte Frau an der Bar erwartet, daß ich sie nicht anspreche. Eine emanzipierte Frau erwartet gar nichts. Wenn ich sie anspräche, wäre das die Bestätigung des landläufigen Vorurteils, daß in die Bar kommende Männer Frauen ansprechen müssen. Hätte diese Frau dieses Vorurteil, wäre sie nicht emanzipiert, und hätte ich es, wäre auch ich nicht emanzipiert. Wenn die unbekannte Frau emanzipiert ist, hat sie sich gelöst von der überkommenen Meinung, daß es am Mann ist, die Initiative zu ergreifen, daß er den ersten Schritt machen muß. Wenn der Mann emanzipiert ist, hat auch er sich von diesem Vorurteil und von dieser traditionellen Ansicht gelöst und ergreift deshalb die Initiative nicht. Jetzt kann die emanzipierte Frau den ersten Schritt tun, doch da muß sie wiederum genau aufpassen, denn es könnte sein, daß der Mann auf dem Weg zur Emanzipation zwar den Denkschritt, daß ein emanzipierter Mann nicht unbedingt die Initiative ergreifen muß, vollzogen hat, daß er sich aber noch immer nicht ganz gelöst hat von dem anderen Vorurteil, es sei irgendwie ungehörig, daß eine Frau die Initiative ergreift. Wenn sie also die Initiative ergriffe, provozierte sie beim Mann womöglich einen Rückfall in die Nichtemanzipation, und das wäre nicht der gewünschte Effekt.

Oh boy, ist das schwierig, eine Unbekannte in einer Bar anzusprechen. Also schön der Reihe nach. Wir wissen jetzt ungefähr, was Emanzipation ist, und wir wissen ungefähr, was eine emanzipierte Frau ist. Ein emanzipierter Mann ist im Grunde genommen das gleiche wie eine emanzipierte Frau, nur hat er Macht abgegeben, und die emanzipierte Frau hat Macht hinzu gewonnen. Jetzt ist irgendwie eine Pattsituation erreicht, denn es könnte sein, daß, wenn beide sich in der Bar ähnliche Gedanken zur Emanzipation machen, gar nichts geschieht, aus Furcht, irgendwelche Vorurteile und konventionelle Vorstellungen zu bestätigen. Beide haben sich noch nicht daran gewöhnt, daß die Macht im Begriff ist, umverteilt zu werden, und weder die eine noch der andere weiß, wen er und sie vor sich hat. Sie wissen nicht, ob der Mann oder die Frau an der Bar von der Kunde, eine Neuverteilung der Macht sei im Gange, schon erreicht worden ist. Es ist heute und an dieser Bar nicht mehr eindeutig klar, bei wem die Initiative liegt. Niemand mehr besitzt sie als einen sicheren Wert, und die Folge davon ist ein Vakuum, ein Nullpunkt, eine Art schwebender Zustand, der jetzt in der Luft des AQUARIUM flimmert. Dieser Zustand verursacht trotz seinem neutralen Charakter in meinem Bauch ein Kribbeln, das ich sehr genieße. Die Macht, die Initiative schwebt irgendwo im rauchigen Raum, und, weil wir uns nicht kennen, haben wir keine Ahnung, auf wessen Schulter sich die Initiative wie ein Flattervogel niederlassen wird, um ihr oder mir *vas-y* ins Ohr zu flüstern.

Wenn die unbekannte Frau an der Bar eine unemanzipierte Frau ist, und wenn ich sie anrede, denkt sie vielleicht, oh, das ist toll, daß dieser unbekannte Mann jetzt das peinliche Schweigen zwischen uns bricht. Vielleicht denkt sie, dieser Mann hat das getan, was ein Mann, wenn er ein Mann ist, tun *muß*. Dieser Mann, denkt sie, hat das Eis gebrochen, dieser Mann ist ein starker Eisbrecher, er ist ein Eisbrecherbär, dieser Mann, der mit seinen starken, dunkel und dicht behaarten Armen das Packeis zwischen unseren Polarstationen in der Arktis hier an der Bar des AQUARIUM gebrochen hat. Vielleicht denkt die Unemanzipierte, die ich an der Bar anspreche, oh, das ist phantastisch, der Mann hat das Dornengestrüpp um das Schloß, in dem ich gefangen saß, mit seinem rasierklingenscharfen Schwert entzweigehauen und mich befreit. So denkt vielleicht die unemanzipierte Frau, die Frau, die Geborgenheit sucht und abhängig davon ist, daß der Mann die Initiative ergreift, die Frau, die bloß darauf wartet, daß der Mann den ersten Schritt in ihre Richtung unternimmt. Wenn ich ein unemanzipierter Mann bin und endlich mit feucht gewordenen Händen wage, die Unbekannte anzusprechen, dann denke ich von meiner Initiative dasselbe, und es wird mir ganz väterlich und toll ums Herz, denn ich bestätige die Vorurteile der unemanzipierten Frau und meine eigenen, ich denke, siehst du, du unbefreites Weiblein, es ist dir ganz wohl, und du bist erleichtert, daß ich Eisbrecherbärrosenkavalierdornenzerhacker den ersten Schritt tue, und auch mir selber wird es ganz wohl bei dem Gedanken, ganz unemanzipiert anheimelnd, traditionell und wohnlich wird es mir in meiner Brust und in meiner väterlichen Gewalt, aus der ich die Tochter eben nicht entlasse.

Und was denkt die Frau an der Bar von mir, wenn sie eine emanzipierte Frau ist? Vielleicht denkt sie gar nichts, vielleicht bin ich ihr vollkommen egal, vielleicht bin ich Luft für sie. Das ist ein kaum zu ertragender Gedanke, doch das ist durchaus möglich. Vielleicht passen ihr meine Cowboy-Stiefel nicht, vielleicht sagen ihr meine Nasenflügel nicht zu, es ist möglich, daß sie meinen Norwegerpullover abscheulich findet oder daß meine Brille nicht ihrem Geschmack entspricht, oder mein Halstuch, mein Fingerring, oder einfach, wie ich dastehe. Sie mag denken, einer, der Bier trinkt, ist mir unsympathisch, weil Bier abstumpft. Doch, wie gesagt, vielleicht denkt sie gar nichts, was ja bekanntlich fast unmöglich ist, oder sie denkt an etwas ganz anderes, sie denkt an die Umwälzungen in Osteuropa, sie denkt an ihren Karatekurs, sie denkt an postmoderne Architektur, und ich bilde mir bloß in meinem Hirn ein, alle Menschen in der Bar müßten etwas voneinander denken, und insbesondere diese Frau von mir. Auch eine emanzipierte Frau kann einfach nichts tun, wenn ein Mann neben sie an die Bar tritt, und nur der Umstand, daß sie nichts tut, heißt noch lange nicht, daß sie unemanzipiert erwartet, der Mann solle jetzt etwas tun. Manchmal stelle ich mich an der Bar neben eine Frau, von der ich den Eindruck habe, sie sei emanzipiert. Manchmal denke ich dann, sie könnte von mir denken, ich sei kein Emanzipierter, ich denke, sie könnte denken, ich dächte von ihr bloß, sie erwarte, daß ich den ersten Schritt unternehme, und da denke ich ganz intensiv, warte nur, ich werde dir zeigen, *wie* emanzipiert ich bin, und ich werde jetzt zwei Stunden lang neben dir stehen und rein gar nichts sagen oder tun, zwei Stunden werde ich neben deiner makellosen Erscheinung stehen, ohne mit der Wimper zu zucken, und ich werde dir ganz stark zu spüren geben, daß ich kein Anmacher bin, ganz und gar nicht, sondern ein Emanzipierter, und ein sehr ordentlicher dazu, und ich werde dich ganz tief fühlen lassen, wie vibrierend ich in meinem Innersten deine Emanzipation empfinde.

Ich stelle mir Sätze vor, mit denen ich die Unbekannte ansprechen könnte, doch bei jedem Satz, den ich sagen könnte, stelle ich mir, noch ehe ich ihn ausgesprochen habe, noch bevor ich ihn auch nur in meinem Kopf zu Ende gedacht habe, die mögliche Entgegnung darauf vor, und es packt mich ein Entsetzen. Es gibt die üblichen Sätze, die sich auf das Wetter, auf die Uhrzeit oder auf die politische Tageslage beziehen, es gibt die geläufigen Sätze, die sich auf eine für beide sichtbare Menschlichkeit des einen oder der anderen beziehen, zum Beispiel: »Beißt Ihr Hund?«, oder: »Sie tragen eine wunderbare Strickjacke. Haben Sie sie selber gemacht?«, und wenn ich mich frage, was auf solche Sätzchen für Entgegnungen kommen könnten, dann vergeht mir die Lust, die Sätzchen auszusprechen. Ich könnte vollkommen irre Sachen sagen, zum Beispiel: »Heute nachmittag sind die englischen Truppen gelandet«, doch dadurch würde ich mich von vornherein zum schwachsinnigen Plapperer disqualifizieren, und das ist einer weiteren Beziehung nicht sehr förderlich. Eine kleine Möglichkeit besteht, daß die Angesprochene ein poetisches und geistesgegenwärtiges Wesen ist, das mir auf meinen Satz mit den englischen Truppen erwiderte: »Die Köchin ist nicht vom Lande, sie kommt von einer Insel, dort leben noch ihre Eltern und Geschwister.« Ach, ich glaube, ich würde der Unbekannten, emanzipiert oder nicht, um den Hals fallen. Bei jedem Satz, den ich, so stelle ich mir vor, sagen könnte, kommt in meinem Hirn gleich die zu erwartende Antwort, und ich denke, diese sei so flachsinnig, seicht und clichéhaft, daß ich lieber schweige. Vermutlich ist aber auch der Satz, den ich mir minutenlang zurechtlege und eventuell unter Zusammennahme allen Mutes sogar ausspreche, ein nicht zu überbietender Blödsinn.

Welche Titanenarbeit, so snobistisch durch die Bars dieser Stadt zu vegetieren! Ich kann die Unbekannte doch nicht mit einem Satz, der nach meinem Geschmack ist, vor den Kopf stoßen. Soll ich etwas sagen zu ihren Kleidern, soll ich etwas sagen zum Schirm, der an der Theke hängt, zu ihrer Handtasche, die sie hingelegt hat, zu einem Bild an der Wand, zu einem Lied, das aus der Musikbox klingt, zur Schlagzeile einer Zeitung, die herumliegt, zum Wetter draußen? Soll ich ihr ein Kompliment machen? Nein, Komplimente degradieren Frauen zu Puppen, zu Neutren, die sich für die Männer zurechtgemacht haben. Komplimente machen aus einer Sie ein Es. Wenn ich sage: »Oh, was haben Sie für einen wunderbaren Sternengranatmantel«, dann könnte sie denken, ich denke, sie habe diesen wunderbaren Sternengranatmantel nur angezogen, um meine Aufmerksamkeit zu erregen, um mich dazu zu bringen, daß ich ihr sage: »Oh, was haben Sie für einen wunderbaren Sternengranatmantel«, und das alles wäre wieder eine Abhängigkeit. Also auch die Möglichkeit mit dem Kompliment fällt weg.

Jetzt bin ich nicht mehr so wild darauf versessen, wenn ich es je war, ein Gespräch anzufangen. Sie auch nicht. Ein Gespräch könnte sich aber ergeben, jetzt, wo niemand die Initiative ergreifen will aus Angst, Vorurteile der oder des anderen zu bestätigen. Und doch. Ich bin ja nicht hierher gekommen, um zwei Stunden lang zu schweigen, um zwei Stunden lang das extra kleine Mineralwasserfläschchen für dreizehn oder vierzehn Franken anzustarren, um zwei Stunden lang meine Augen ziellos durch das Etablissement schweifen zu lassen.

Wenn nur etwas passierte, was eine gemeinsame Betroffenheit auslöste, über die wir uns auslassen könnten. Wenn es doch jetzt draußen zu hageln begänne, mit Blitz und Donner, wenn doch etwas Überirdisches, etwas Metaphysisches, etwas Übernatürliches, etwas von uns nicht Beeinflußbares geschähe, wenn sich doch bloß etwas sozusagen Göttliches ereignete, über das wir sprechen könnten, oder das uns die Sprache verschlüge, aber gemeinsam. Wenn doch ein Kronleuchter von der Decke herunter vor unsere Füße krachte, wenn doch irgendwo im Viertel sich eine Explosion ereignete, über deren Ursprung wir werweißen könnten, wenn nur ein Pferdekopf mit blinden Augen durch die Wände bräche und hereinwieherte, so daß man über Alfred Andersch oder über Jean Cocteau und die Psychoanalyse reden könnte. Doch das Schicksal läßt mich oder uns im Stich. Nicht einmal ein Glas geht in Brüche, keine Blumenvase auf einem Tischtuch wird von jemand Unachtsamem umgeworfen, kein Besoffener grölt herein, kein Mensch mit einem schwierig auszusprechenden orientalischen Namen wird am Telefon verlangt. Nichts geschieht. Nichts. Wenn doch nur etwas Unerwartetes einträte, wenn sie mich doch um Feuer für eine Zigarette bäte, ich das Feuerzeug zückte, ihr die Flamme vors Gesicht hielte, sie die Finger mit den lackierten Nägeln langstrecken, neben meiner Hand mit dem brennenden Feuerzeug in der Luft stehen ließe, als ob sie das Gasflämmchen vor irgendeinem Seitenwind schützen müßte, dabei eine oder zwei Zehntelsekunden lang meine Hand berührte, ich einen kurzen Augenblick lang das feine, blaue Äderchen an ihrer Schläfe sähe und das als sehr intim empfände, sie mich beim Anderzigaretteziehen kurz von unten herauf anblickte und nicht Dankeschön sagte, was ihre ländliche Herkunft verriete. BARCLAY, kommen Sie zum Erfolg. Oder wenn sie mich um Kleingeld fürs Telefon bäte, ich Münzen aus der Hosentasche fischte, die sich herausstellten als Lire oder Peseten, was mich zweifellos interessanter machte. Vielleicht könnte ich sie um etwas bitten. Nach der Zeit fragen wäre etwas plump, weil oben am Spiegelregal mit den Dutzenden von Likören und Schnäpsen in allen Farben eine bahnhofsmäßige Uhr angebracht ist, auf der sogar ich Kurzsichtiger die Zeit mit unbewaffnetem Auge ablesen kann.

Irgendwann werde ich wohl irgendeinen blödsinnigen Satz sagen, einen Satz, der so dumm ist, daß ich ihn hier nicht aufzuschreiben wage, einen Satz, dessen elende Belanglosigkeit mir gleich die Schamröte in die Ohren treiben wird, ich werde einen engen Hals bekommen und kaum mehr atmen können, weil mein Adamsapfel gegen die Luftröhre drückt. Vielleicht vermutet sie, ich sei wohl *äuch* nicht von hier, wobei dieses Wörtchen *äuch* gar nicht unbedingt bedeutet, daß auch sie nicht von hier sei, sondern eher ein Füllwort ist, eine geläufige Anbiederungsformel, die außerdem den vermutenden Charakter ihrer zweifelnd gestellten Frage andeutet. Daß ich wohl nicht von hier bin, hört sie meiner Sprache an, die verrät, daß ich aus den Bergen komme. Ich sage etwas in meinem Dialekt, und ich merke, daß sie mich nicht versteht, und ich sage denselben Satz deshalb auf hochdeutsch, und jetzt geht's. Diese Situation erlebe ich oft. Ich grüße die Menschen auf die Art, wie es in den Bergen üblich ist, und dieser Gruß heißt, ins Hochdeutsche übertragen, etwa: Ich grüße dich, oder: Ich grüße Euch, je nachdem, auf welcher Vertraulichkeitsstufe man das Gespräch beginnen will. Für die Ohren der Stadtmenschen hier klingt aber das Ich grüße dich oder das Ich grüße Euch aus unerfindlichen Gründen wie die Frage nach dem Befinden, und sie antworten: Ach, es geht mir im Moment gar nicht gut. Oder sie sagen: Es geht gut, wodurch der tiefsinnige Dialog eine etwas unerwartete Wendung nimmt. A sagt: Guten Tag. B erwidert: Nicht schlecht. Das ist kein Dialog, aber wieder sind durch die zu Hilfe gekommenen feinen Unterschiede zwischen den verschiedenen Schweizer Dialekten ein paar Vertraulichkeitsstufen unabsichtlich genommen. Ich grüße Euch, unbekannte Emanzipierte. Es geht mir nicht schlecht, danke für die Nachfrage, unemanzipierter Unbekannter.

Es wäre wunderbar, wenn sie mich fragte, was ich mache. Wenn ich sage, ich sei Skilehrer, habe ich schon die Befürchtung, sie sage, ich beneide Sie darum, daß

Sie den ganzen Winter skifahren können. Von wegen, sage ich, wo es doch kaum noch schneit in unseren sogenannten Wintern und wir kaum Arbeitslosenunterstützung bekommen. Vielleicht fragt sie, wo denn meine Skischule sei, doch wohl nicht oben an den Hausbergen dieser Stadt? Wo ich denn wohne, und wie es mich hierher verschlagen habe? Verschlagen habe ist der genau zutreffende Ausdruck. Wenn ich sage, mein schwarzer Golf stehe im Parkhaus, fünf Minuten von hier, fürchte ich schon, sie sage, hei, ein richtiger, schwarzer, rassiger Golf, womöglich sagt sie noch, mit Katalysator, aber selbstverständlich, erwiderte ich, und ob ich auch surfe?

Ich könnte auch eine Tabakspfeife hervorholen, sie bedächtig stopfen und mit Kunst in Brand stecken, doch dann, so fürchte ich, sagt sie, sie habe ein Faible für Männer, die Pfeife rauchen, und dann sagt sie vielleicht den fatalen Satz, Pfeiferauchen sei so gemütlich. Sie hat keine Ahnung, wie alle meine Kleider nach dem Pfeifenzeug stinken, sie weiß nicht, wie meine Zunge am Morgen rauh ist, sie hat keine Ahnung, wie ich mich hinter dem läppischen und saftenden Pfeifenzeremoniell verstecke, sie ahnt wohl nicht, daß man heute kaum noch an einem öffentlichen Ort Pfeife rauchen kann, weil die Umsitzenden oder Umstehenden zu husten, zu prusten und mit der Handfläche zu wedeln beginnen und finden, man verpeste den ganzen Raum. Sie kann nicht wissen, wie das näßt nach einer Weile, nun sucht man in den Jackentaschen nach Pfeifenputzern, vielleicht findet man einen, holt die Sauerei aus dem Rohr, den braunen, scharfen Saft, und nun weiß man nicht, wo man den dunkel gefärbten Stinkdraht hinlegen soll. Manchmal beobachte ich über den Zeitungsrand oder durch eine Sonnenbrille die Fisimatenten und Faxen eines Pfeifenrauchers im Zug oder auf einer Parkbank, wie er pafft, wie er den glühenden Tabak mit dem Pfeifenstopfer niederdrückt, wie er jetzt die Pfeife zwischen den Zähnen hält und schmaucht, wie er sie am Holm festhält und sich mit dem weggespreizten Mittelfinger an der Schläfe kratzt, wie er die Pfeife wieder wichtig in den Mund steckt, und ich finde das alles vollkommen lächerlich. Soll ich also die Pfeife hervorholen, oder soll ich sie nicht hervorholen? Das Thema für den *small talk* wäre dann gegeben: Das Rauchen, die Gesundheit. Bestimmt brächte sie dann auch den unsäglichen Satz, Pfeifenrauchen sei gesünder als Zigarettenrauchen, als ob, bitte schön, Zigarettenrauchen gesund wäre. Wenn sie mich fragte, was ich denn so mache in den Ferien, und ich sagte, ich pflege auf die Kanarischen Inseln zu fliegen, oder auf die azorischen, denke ich sogleich, wenn sie jetzt nur nicht anfängt von einem typischen Fischerdorf, das sie irgendwo kennt, wo es natürlich fast keine Touristen gibt, und wenn sie nur nicht anfängt von der fröhlichen Unbeschwertheit oder von der unbeschwerten Fröhlichkeit der Menschen in warmen Gegenden. Auch die wieder in Mode gekommenen Skitouren mit angeschnallten Fellen wären ein Thema, sie hat im letzten Winter damit angefangen, ja, das sieht man, denn sie hat heute noch eine verbrannte Stirn und eine ganz weiß leuchtende Nasenwurzel. Sie schätzt bei den Skitouren die frische Luft, auch, daß man so die eigenen Grenzen spürt, und natürlich die gute Müdigkeit am Abend, beim Glühwein in der Hütte mit dem Hüttenwart, dessen Dialekt man *käum* versteht, ja, er redet ganz ähnlich wie Sie. Wenn sie nur nicht mit all dem kommt, und wenn ich sage auf Wiedersehen, wenn sie dann bloß nicht erwidert: Tschüß.

Eine Sonnenbrille wäre praktisch, doch am Abend in einer schummerigen Bar etwas unangebracht. Vielleicht auch eine eingefärbte optische Brille, auf jeden Fall etwas, das die Augen ein wenig verschleiert. Sehen, ohne gesehen zu werden, steht im Soldatenbuch bei den Anweisungen für den Nahkampf. Mit verschleierten Augen gehe ich in die Bar und schaue mir die Menschen an, vergleiche meine Vorstellungen mit den Bildern. Ich weiß natürlich genau, wie eine schöne Frau aussieht. Ich weiß weniger genau, was ein schöner Mann ist. Die schöne Frau kenne ich aus dem Kino, ich kenne sie aus der Werbung. Ich ertappe mich oft dabei, daß ich die Frau an der Bar oder auch sonst eine Frau vergleiche mit den verinnerlichten Bildern. Hat sie schöne Zähne? Hat sie Zähne wie die Frau, die auf dem Werbeplakat einer Bank lächelt? Meine Zähne, oder das, was von ihnen übrig geblieben ist, in Farbtönen zwischen gelb und dunkelgrün, habe ich wohlweislich unter dichtem Barthaar versteckt. Wie sind ihre Haare? Wie bewegt sie sich auf ihren Beinen, wenn sie hinausgeht? Ich schaue ihr nach, versuche, nicht zu gaffen. Sind ihre Beine wie auf der Strumpfreklame? Sind sie rasiert? Das kommt jetzt nicht so darauf an, denn die Frau trägt Strümpfe. Na und ich? Wann trage ich Strümpfe, so daß Frauen die Form meiner Waden begutachten können, wann trage ich enganliegende Jeans, damit sie sehen, wie mein Arsch ist, wie dick meine Oberschenkel sind? Raucht sie so, wie ich es im Kino gesehen habe? Eine Zeitlang hielt ich die filterlose Zigarette gerne so zwischen den Lippen wie Jean Gabin, und einmal sagte mir eine Frau: Die Zigarette steht dir gut. Da wußte ich, daß ich es getroffen hatte, ich hatte das geltende Bild getroffen, und es wurde mir ganz warm im Bauch.

Ich gehe ins Kino und sehe die Gesten der Schauspielerinnen und Schauspieler, und ihre kleinsten und unbedeutendsten Bewegungen gewinnen auf der Leinwand vor uns Zuschauern plötzlich eine unübersehbare Wichtigkeit. Wir bewundern, wie sich Humphrey Bogart im Film am Ohrläppchen faßt, wie Jeanne Moreau ihren Mund bewegt, und alles rennt ins Kino, die Kinogesten werden unsere Gesten, und so füllen wir unser Hirn und unsere Seele auf mit solchen Clichés, an die wir den harten Alltag nach Möglichkeit anzugleichen versuchen. Der harte Alltag: Wenn ich im Kino einen Film mit Jean-Paul Belmondo sehe und mich in der Pause beim Kämmen auf der Toilette im Spiegel betrachte, finde ich, ich sei das letzte Arschloch.

Ins AQUARIUM schwemmt es mich meistens mit all den anderen Nachtschwärmern, die auch nach Mitternacht noch nicht nach Hause, aber auch keinen Striptease wollen. Manchmal ist es auch schlichter Durst, der mir den Weg weist, auch, wenn es dann bös ins Geld geht. Meistens muß man hier nicht lange nach einem Gesprächsvorwand suchen, denn die Menschendichte ist so groß, daß man sich vielleicht sogar auf die Füße tritt. Der Rauch ist ebenfalls sehr dicht, und die Gäste bewegen sich in ihm wie in trübem Wasser. Ich finde also mein Bild mit dem Aquarium aufs schönste bestätigt.

Das Lokal hat aber auch noch andere Besonderheiten. An der Decke dreht sich zu jeder Tages- und Nachtzeit ein großer Windpropeller, der den Rauch daran hindert, von den Lüftungsschlitzen, die ganz oben an den Wänden angebracht sind, weggesogen zu werden. Ganz im Gegenteil: er fächelt ihn immer wieder auf die trinkende, rauchende, schwatzende Gemeinde hinunter. Dieser Windpropeller bringt die Ambiance der Karibik in unsere etwas verstaubte Stadt am Fuß der Alpen, etwas Tropisches bricht ein in unsere alpine Wohltemperiertheit, der Wirt dieses Lokals sah wohl im Film *Key Lago,* daß sich dort auch ständig Ventilatoren an der Decke drehen, und er dachte sich, so etwas werde ich mir für meine AQUARIUM-Bar anschaffen.

Im Etablissement steht ein urtümlicher schwarzer Konzertflügel, der meistens von Pianistinnen aus den USA bearbeitet wird. Manche singen auch dazu. Die schwarzlackierte Prächtigkeit dieses Konzertflügels wird allerdings dadurch beeinträchtigt, daß er mit einem weißen Tischtuch bedeckt ist und von den Umstehenden als Tisch verwendet wird. Manch auf den Beinen unsicher Gewordener ist auch ganz froh, sich am schwarzweißen Flügel ein wenig abstützen zu können. Dies alles und das übrige, etwas als amtsstubenhaft-rustikal zu bezeichnende Intérieur, tragen bei zu einer ergreifenden, alpenländisch-karibischen Stubengemütlichkeit, und das mitten in dieser Metropole.

Aus schlichtem Durst bin ich hier. Ich stehe im Gedränge der Bar, deren Rendite wohl aus einer Formel errechnet wird, in der die Konstante P (dreizehn oder vierzehn Franken) und die Konstante D (Anzahl Personen je m^2) eine wichtige Rolle spielen. Mir wird klar, daß die wenigsten hier sind aus schlichtem Durst. Woher ich das weiß? Von nirgendsher. Ich brauche nur Augen und Ohren zu öffnen, vielleicht muß ich auch bloß ein bißchen in mich selber hineinfühlen, vielleicht muß ich auch nur einen Moment zum Barspiegel hinüberblicken, wo mein Kopf zwischen UNICUM ZWACK und PERNOD auftaucht. Hier ist alles an der Grenze zwischen Privatem und Öffentlichem. Alle Witzchen, die sich Freunde sagen, scheinen auch für Dritte bestimmt. Die Schönheit der Männer und der Frauen scheint auch für Dritte bestimmt. Alles hier oder fast alles ist intim und öffentlich, und dieser faszinierenden Zwiespältigkeit entgeht man zumindest in den ersten paar Minuten nur, indem man allein herkommt. Nach ein paar Minuten wird man auf eine Art öffentlich, auch wenn man stumm bleibt und niemandem Rechenschaft schuldig ist.

Jetzt steht neben mir eine Frau. Hie und da blickt sie herüber. Hie und da blicke ich hinüber. In diesem engen

Raum wandern so viele Augenpaare herum, daß es unmöglich ist, daß sie sich nicht irgendwann treffen, einmal unabsichtlich, dann verstohlen, jetzt bewußt und gezielt. Neben mir steht eine Frau. Hie und da blickt sie herüber, doch ich habe keine Lust, Konversation zu machen. Jetzt nicht. Warum nicht? Weil sie mir nicht auffällt, und weil sie mir nicht besonders gefällt. Ich möchte einfach mein Bier trinken und das AQUARIUM besichtigen. Jetzt kommt eine Gruppe von Ausländerinnen und Ausländern herein. Ich denke: Skandinavien, sie reden so, glaube ich, und sie sind so groß und breit. Einer stellt sich so hin, daß er mir genau den Rücken zuwendet, was in der Stehbar AQUARIUM um diese Zeit nichts Unübliches ist. Das ergibt nun wohl einen Vorwand für ein Gespräch der tiefsinnigeren Kategorie zwischen der Frau und mir. Sie mokiert sich. Sie lacht mich innerlich aus. Sie sagt, nun hätte ich keine Aussicht mehr, oder so etwas Ähnliches. Vielleicht fange ich an zu reden, jetzt hätte ich keine Aussicht mehr, ich weiß es nicht. Was war zuerst: Das Huhn oder das Ei? Es ist auch einerlei. Wir sprechen von der Sprache, die die Gruppe der Neuankömmlinge spricht. Ich frage den Herrn vor mir, er sagt, sie sprechen holländisch, ach so, holländisch, und ich habe allerlei Freundliches zu diesem Land anzumerken, daß die Holländer oder Niederländer so sprachgewandt seien, die meisten von ihnen sprechen ja außer ihrer Muttersprache deutsch oder französisch oder englisch, was ihn sehr zu freuen scheint.

Ich wende mich der Frau nebenan zu. Sie spricht undeutlich, was die Kommunikation schon rein akustisch etwas schwierig macht, abgesehen davon, daß die Pianistin aus den USA auf ihrem Flügel ein großes Getöse veranstaltet. Meine Gesprächspartnerin gesteht jetzt, sie habe Mühe mit dem bärndeutschen Dialäckt. Das kann ja heiter werden. Sie mauschelt, und ich rede berndeutsch. Sie fragt mich, ob ich auch mit Bier abschließe. »Mit Bier abschließen« ist ein wunderbarer Ausdruck. Ich sage nein, ich hätte auch vorher schon Bier getrunken, da wisse man wenigstens, was man trinke. Ehrlich gesagt habe ich diesen Spruch von meinem Freund Bruno, doch ich glaube, er kennt sich aus, denn er hat eine reine Haut und fühlt sich auch sonst prächtig. Daß man wisse, was man trinke, könne man von ihrem Dôle nicht gerade behaupten. HURLEVENT, so heißt er. Übrigens sage man auf französisch *la* Dôle. Das will sie mir nicht glauben. Da frage ich sie, warum man dann wohl *Dôle blanche* und nicht *Dôle blanc* sage? Das habe sie sich noch nicht überlegt, sagt sie und beißt sich auf die Unterlippe.

Sie sagt, sie finde es heute abend nicht besonders umwerfend in der Stehbar AQUARIUM. Sie frage sich auch, wieso sie überhaupt hierher gekommen sei. Ich tröste sie, man müsse nicht unbedingt immer wissen, wieso man dies oder das tue, zum Beispiel hier stehen. Da ist sie aber ganz anderer Meinung, sie will alles erklären und analysieren, auf jede Frage eine Antwort finden. Eine Sucherin. Ich finde und sage, die anderen Menschen in der Bar müßten nicht umwerfender sein als ich selber. Auch das Wort bunt fällt, ich weiß nicht mehr genau in welchem Zusammenhang, doch ich finde, die anderen müssen auch nicht bunter sein als ich selber, ich komme gar nicht mit dieser Erwartung hierher. Wieso auch? Diese Einsicht rührt sie so tief, daß sie noch ein Fläschchen HURLEVENT bestellt. Warnung des Bundesamtes für Gesundheit: Der Genuß von HURLEVENT kann Ihrer Gesundheit schaden.

Huhuu, sagt sie, huhuuuu, wenn man denke, daß alle diese Leute morgen wieder aufstehen und arbeiten müssen, und sie spricht den Satz nicht fertig. Huhuuuuu, was, sage ich, mußt du denn morgen nicht arbeiten wie all diese Leute auch, und bist du etwa am Ende deine eigene Chefin? Da sagt sie ja, sie könne am Morgen so lange im Bett bleiben, wie sie wolle. Das macht mich stutzig. Sie will, daß ich sie ausfrage. Ist mir auch schon passiert. Ein Mittel gegen Einsamkeit in der Bar, das manchmal kurze Zeit hilft. Sie ist Hausfrau. Ich frage sie, ob sie denn am Morgen nicht den Mann wecken, ihre Kinder wecken, anziehen, ihnen das Frühstück machen, ihnen das Pausenbrot streichen, sie zur Schule schicken müsse? Da sagt sie ja, sie habe keine Kinder, und dann kommt die Geschichte mit dem Wie kann man bloß Kinder in diese schlechte Welt setzen? Wir reden vom Waldsterben, von den aggressiven BMW-Fahrern und natürlich von der Autopartei, wir reden von den abgerissenen Baumbauchbinden in der Innenstadt und so, huhuuuuu, sie kann sich wirklich nicht vorstellen, wie man Kinder in diese Welt stellen kann. Sie fragt mich, ob ich denn Kinder habe, ich sage ja, sie fragt wie viele, ich sage drei, drei Töchter, deren Namen alle mit einem M beginnen, neun, sieben und vier Jahre alt.

Die Pianistin in der roten Bluse tost immer noch an ihrem Flügel herum, sie hackt ein Thema aus RHAPSODY IN BLUE, und ich sage, ich möge Tschaikowski sehr gerne. Gershwin, sagt sie, und ich beiße mir auf die Unterlippe. Ich hätte besser nichts gesagt.

Ich muß hinausgehen auf die Straße, um nachzusehen, ob mein VELOSOLEX noch nicht geklaut worden ist, und ich bitte sie, unterdessen auf meine Jacke aufzupassen, die auf der Wandbar zwischen Flaschen und Gläsern liegt. Ich rauche draußen eine Zigarette, komme zurück, und sie fragt, was ich denn getan hätte. Ich sage, ich hätte nur nachgeschaut, ob mein Golf ausgeraubt worden sei, doch ich hätte jetzt keine Lust, über Autos zu diskutieren.

Dorothy Parker

AUS DEM TAGEBUCH EINER NEW YORKER LADY

VON TAGEN DES SCHRECKENS, DER VERZWEIFLUNG UND WELTVERÄNDERUNG

Montag. Frühstückstablett gegen elf; wollte gar nicht. Der Champagner gestern nacht bei Amorys war eine *Zumutung*; aber was soll man machen? Man kann ja auch nicht bis fünf Uhr morgens mit *gar nichts* dasitzen. Sie hatten diese göttlichen ungarischen Musiker mit den grünen Röcken, und Stewie Hunter hat sich die Schuhe ausgezogen und damit dirigiert, *sowas* von komisch. Er ist doch die drolligste Nummer auf der ganzen Welt; einfach der *Gipfel*. Ollie Martin hat mich nach Hause gebracht, und wir sind beide im Auto eingeschlafen – zum Schreien. Miss Rose kam gegen Mittag wegen der Nägel, buchstäblich randvoll mit dem göttlichsten Klatsch. Die Morris' trennen sich jede Minute, und Freddie Warren hat endgültig ein Magengeschwür, und Gertie Leonard kriegt ihre Augen einfach nicht von Bill Crawford, obwohl Jack Leonard im selben Raum ist, und das mit Sheila Phillips und Babs Deering stimmt *alles. Sowas* von aufregend. Miss Rose ist ja zu herrlich; finde wirklich, oft sind solche Leute viel aufgeweckter als die meisten anderen Leute. Habe erst als sie weg war gemerkt, daß die blöde Ziege mir die Nägel in dieser Zumutung von Orange lackiert hat; *sowas* von wütend. Ein Buch angefangen, aber zu nervös. Telefoniert und doch noch zwei Karten für die Premiere von »Run Like A Rabbit« heute abend bekommen, achtundvierzig Dollar. Die haben *Nerven,* habe ihnen den Marsch geblasen, aber was soll man machen? Glaube, Joe hat etwas von draußen essen gesagt, also habe ich ein paar göttliche junge Herren durchtelefoniert, damit jemand ins Theater mitkommt, aber alle hatten schon was vor. Ollie Martin schließlich konnte. *Sowas* von *graziös,* und was geht es *mich* an, wenn *er* einer ist? Kann mich überhaupt nicht entscheiden, ob ich das Grüne aus Crêpe oder das Rote aus Wolle anziehen soll. Wenn ich auf meine Nägel sehe, könnte ich jedesmal ausspucken. Verdammte Miss Rose.

Dienstag. Joe kam heute morgen in mein Zimmer getorkelt, um sage und schreibe *neun Uhr. Sowas* von empört. Fing Streit an, aber zu kaputt. Weiß nur noch, daß er abends zum Essen nicht zu Hause sein wollte. Unsagbar kalt, den ganzen Tag; konnte mich nicht rühren. Gestern wirklich der Gipfel. Ollie und ich zum Essen in der Achtunddreißigsten East, unsagbare Giftküche, und kein lebendes Wesen da, mit dem man auch nur als Leiche zusammen gesehen werden möchte, und »Run Like A Rabbit« eine Weltpleite. Habe Ollie danach mit zu der Party bei den Barlows genommen, sowas von bezaubernd – mehr ausgesprochene Stinktiere auf einem Haufen *gibt's* ja nicht. Sie hatten diese Ungarn mit den grünen Röcken, und Stewie Hunter hat dirigiert, mit einer Gabel – einfach zum Totlachen. Er hatte Kilometer grünes Toilettenpapier um den Hals, wie diese hawaiianischen Blumengirlanden; *sowas* von Glanzleistung. Habe einen wirklich Neuen kennengelernt, sehr groß, zu herrlich; einer wo man sich auch mal ernsthaft mit unterhalten kann. Habe ihm gesagt, das alles hier *ennuyiert* mich manchmal derart, daß ich am liebsten aufjaulen würde, und daß ich das Gefühl habe, ich müßte dringend etwas machen wie Schreiben oder Malen. Er sagte, dann sollte ich doch schreiben oder malen. Bin allein nach Hause; Ollie war völlig über den Jordan. Heute dreimal den Neuen angerufen, ob er zu mir zum Essen kommt und hinterher in die Premiere von »Never Say Good Morning« mitgeht, aber erst war er nicht da, und dann hatte er schon was vor, mit seiner Mutter. Ollie Martin schließlich konnte. Versucht, ein Buch anzufangen, konnte aber nicht stillsitzen. Kann mich nicht entscheiden, ob ich das Rote aus Spitze oder das mit der Feder in Rosé anziehen soll. Fühle mich völlig erschöpft, aber was soll man machen?

Mittwoch. In *dieser Minute* ist das Allerschrecklichste passiert. Mir ist ein Nagel *komplett abgebrochen*. Das ist ausgesprochen das Schlimmste, was mir je im Leben passiert ist. Habe Miss Rose angerufen, sie soll sofort rüberkommen und ihn mir zurechtfeilen, aber die ist den ganzen Tag unterwegs. Ich habe aber auch wirklich das größte Pech der Welt. Jetzt muß ich den ganzen Tag und die ganze Nacht so herumlaufen, aber was soll man machen? Verdammte Miss Rose. Gestern nacht sehr ausgelassen. »Never Say Good Morning« abscheulich, nie so scheußliche Kostüme auf einer Bühne gesehen. Habe Ollie zu der Party bei den Ballards mitgenommen; der Gipfel. Sie hatten diese Ungarn mit den grünen Röcken, und Stewie Hunter hat dirigiert, mit einer Fresie – zum Schreien. Er hatte Peggy Coopers Hermelinmantel und Phyllis Mintons Silberturban an; un*glaub*lich. Habe einen Haufen *göttlicher* Leute für Freitag abend zu mir eingeladen; bekam die Adresse von diesen Ungarn mit den grünen Röcken von Betty Ballard. Sie sagt, man braucht sie bloß bis vier zu engagieren, wenn ihnen dann irgendwer nochmal dreihundert Dollar reicht, bleiben sie auch bis fünf. *Sowas* von preisgünstig. Mit Ollie auf den Heimweg, mußte ihn aber bei sich absetzen; sowas von schlecht, wie ihm war. Heute den Neuen angerufen, ob er zum Essen kommt und hinterher in die Premiere von »Everybody Up« mitgeht, aber er hatte schon was vor. Joe wird ausgehen; hatte natürlich nicht die Güte, mir zu sagen wohin. Angefangen, die Zeitungen durchzublättern, aber nichts drin, außer daß Mona Wheatley in Reno auf unzumutbare Grausamkeit klagt. Jim Wheatley angerufen, ob er heute abend schon was vor hat; er hat. Ollie Martin schließlich konnte. Kann mich nicht entscheiden, ob ich das Weiße aus Satin oder das Schwarze aus Chiffon oder das Gelbe aus Borkencrêpe anziehen soll. Dieser Fingernagel geht mir durch Mark und Pfennig. Nicht zum Aushalten. Kenne *niemanden,* dem solche Ung*laub*lichkeiten passieren.

Donnerstag. Klappe buchstäblich im Stehen zusammen. Gestern nacht zu herrlich. »Everybody Up« einfach göttlich, *sowas* von schlüpfrig, und der Neue war auch da, einfach himmlisch, hat mich allerdings nicht gesehen. Hatte Florence Keeler dabei in diesem unsäglichen Schiaparelli-Modell, das nun wirklich schon *jede* kleine Ladenmieze angehabt hat seit der Schöpfung. Der Neue muß ja wahnsinnig sein; die guckt doch *keinen* Mann an. Habe Ollie zu der Party bei den Watsons mitgenommen; *sowas* von Kitzel. Alle ausgesprochen voll. Sie hatten diese Ungarn mit den grünen Röcken, und Stewie Hunter hat dirigiert, mit einer Lampe, und als die Lampe kaputtging, haben er und Tommy Thomas getanzt – *adagio;* einfach wundervoll. Jemand erzählte, daß Tommys Arzt gesagt hat, daß Tommy unbedingt sofort aus der Stadt raus muß, er hat den kaputtesten Magen der Welt, merkt aber kein Mensch. Allein nach Hause, konnte Ollie nirgends finden. Miss Rose kam mittags zum Feilen, *sowas* von bezaubernd. Sylvia Eaton kann ohne Spritze gar nicht mehr aus dem Haus gehen, und Doris Mason weiß *alles* bis ins *Kleinste* über Douggie Mason und die Kleine oben in Harlem, und kein Mensch kriegt Evelyn North von diesen drei Akrobaten weg, und keiner traut sich, Stuyvie Raymond mal zu stecken, was mit ihm los ist. Kenne niemanden, der ein so bezauberndes Leben führt wie Miss Rose. Habe mir diesen gemeinen orangefarbenen Lack abmachen und dunkelroten auftragen lassen. Habe erst als sie weg war, gemerkt, daß er bei elektrischem Licht praktisch schwarz ist; *sowas* von erledigt. Verdammte Miss Rose. Joe hat einen Zettel hinterlassen, daß er heute außerhalb ißt, habe also den Neuen angerufen, ob er zum Essen kommt und hinterher in diesen neuen Film mitgeht, aber er hat nicht abgenommen. Habe ihm drei Telegramme geschickt, daß ich morgen *unbedingt fest* mit ihm rechne. Ollie Martin schließlich kann heute abend. Zeitungen durchgeblättert, aber nichts drin, außer daß Harry Motts und Gattin Sonntag einen Tanztee mit ungarischer Musik geben. Werde wohl den Neuen bitten, mich zu begleiten; sie wollten mich bestimmt einladen. Ein Buch angefangen, aber zu erschöpft. Kann mich nicht entscheiden, ob ich das neue Blaue mit der weißen Jacke anziehen oder ob ich es für morgen aufheben und heute das Elfenbeinfarbene aus Moiré nehmen soll. Mir bricht jedesmal einfach das Herz, wenn ich an meine Nägel denke. *Sowas* von wütend. Könnte Miss Rose umbringen, aber was soll man machen?

Freitag. Liege völlig darnieder; *sowas* von alle. Gestern nacht einfach göttlich, der Film einfach tödlich. Habe Ollie zu der Party bei den Kingslands mitgenommen; einfach un*glaub*lich, alle hackevoll. Sie hatten diese Ungarn mit den grünen Röcken, aber Stewie Hunter war nicht da. Hatte einen *totalen* Nervenzusammenbruch. Und ich krank vor Sorge, daß er bis am Abend nicht wieder auf die Beine kommt; werde ihm niemals verzeihen, wenn er nicht dabei ist. Aufbruch mit Ollie, habe ihn bei sich abgesetzt; hörte gar nicht mehr auf zu heulen. Joe hat den Butler ausrichten lassen, daß er heute nachmittag übers Wochenende aufs Land fährt; hat sich natürlich nicht bequemt zu sagen, auf *welches* Land. Habe haufenweise reizende Herren durchtelefoniert, ob jemand zu mir zum Essen kommt und hinterher in die Premiere von »White Man's Folly« mitgeht und danach noch irgendwo ein bißchen tanzen; ist doch eine Zumutung, auf der eigenen Party die erste zu sein. Alle hatten schon was vor. Ollie Martin schließlich konnte. Sowas von depremiert; hätte *niemals* auch nur in die *Nähe* von Champagner und Scotch auf einmal kommen dürfen. Ein Buch angefangen, aber keine Ruhe. Anne Lyman angerufen, wollte mich nach dem neuen Baby erkundigen, konnte mich aber *partout* nicht mehr erinnern, ob es ein Junge oder ein Mädchen war – muß *unbedingt* nächste Woche eine Sekretärin haben. Anne war aber *sowas* von Hilfe; sagte sofort, sie wüßte noch nicht, ob es Patricia oder Gloria heißen sollte, und damit wußte ich auf der Stelle, daß es tatsächlich ein Mädchen ist. Habe Barbara vorgeschlagen; hatte ganz vergessen, daß sie schon eine Barbara hat. Den ganzen Tag wie ein Panther hin und her geschlichen. Könnte *aus*spucken, wenn ich an Stewie Hunter denke. Habe keine Nerven, mich zu entscheiden, ob ich das Blaue mit der weißen Jacke oder das Violette mit den beigen Rosen anziehen soll. Jedesmal, wenn ich auf diese Zumutung von schwarzen Nägeln gucke, möchte ich *nur noch* aufjaulen. Von *allen* Leuten auf der *ganzen* Welt passieren mir wirklich die *aller*scheußlichsten Sachen. Verdammte Miss Rose.

DIE AUTOREN

HERBERT ASMODI,
geboren 1923 in Heilbronn, studierte Germanistik, Kunstgeschichte und Philosophie in Heidelberg und lebt seit 1952 als freier Schriftsteller in München. Er war als Theaterkritiker tätig, schreibt satirische Theaterstücke und ist Autor zahlreicher Fernsehspiele.

Die belgische Nummer, aus: Das Lächeln der Harpyien. Sieben Erzählungen, Stuttgart (Klett-Cotta) 1987, © beim Autor

DRES BALMER
wurde 1949 in Grindelwald in den Schweizer Alpen geboren. Er studierte Romanistik in Basel und Lausanne, arbeitete als Übersetzer und publizierte Erzählungen und mehrere Romane sowie Lyrik. Er lebt heute in Zürich.

Aquarium, aus: Die letzten Abenteuer des Zwanzigsten Jahrhunderts. Sechs Geschichten, © Ammann Verlag, Zürich 1991

SABINE DEITMER,
geboren 1947, arbeitete nach dem Studium der Anglistik und Romanistik als Lehrerin und Übersetzerin. Hervorgetreten ist sie vor allem mit Kriminalgeschichten, in denen Frauen die Hauptrolle spielen. Die Autorin lebt heute in Dortmund.

Liebe und andere Krankheiten, aus: Auch brave Mädchen tun's. Mordgeschichten, © Fischer Taschenbuch Verlag, Frankfurt am Main 1990

DORIS DÖRRIE,
1955 in Hannover geboren, ist bekannt geworden mit der 1985 gedrehten Filmkomödie »Männer«. Die Regisseurin hat seither

mehrere Erzählbände mit witzigen Charakterstudien von Männern und Frauen veröffentlicht.

Frauen allein in Hotelzimmern, aus: Für immer und ewig, © Diogenes Verlag, Zürich 1991

MARIE LUISE KASCHNITZ
wurde 1901 in Karlsruhe geboren und starb 1974 in Rom. Sie arbeitete zunächst als Buchhändlerin in Weimar und München. Bereits in den 30er Jahren publizierte sie Erzählungen und Romane, berühmt wurde sie nach dem 2. Weltkrieg vor allem durch ihre Lyrik. In den Erzählungen geht es ihr um existentielle Grunderfahrungen und die Irritation der alltäglichen Selbstverständlichkeit.

April, aus: Ferngespräche, © Insel Verlag, Frankfurt am Main 1966

DORIS LERCHE,
geboren 1945, studierte Psychologie, Kunstpädagogik und Grafik. Seit 1975 ist sie freiberufliche Cartoonistin und Autorin.

Post aus Thailand, aus: 21 Gründe, warum eine Frau mit einem Mann schläft. Erzählungen, © Fischer Taschenbuch Verlag, Frankfurt am Main 1993

CHRISTINE NÖSTLINGER,
geboren 1936 in Wien, ist vor allem als Kinder- und Jugendbuchautorin bekannt geworden. In Beiträgen für Zeitungen, Rundfunk und Fernsehen hat sie sich zudem als »Satirikerin des Alltags« profiliert.

Manchmal möchte ich ein Single sein, aus: Manchmal möchte ich ein Single sein, © Verlag Niederösterreichisches Pressehaus, St. Pölten, Wien 1990

DOROTHY PARKER,
1893 in New Jersey geboren, war Lyrikerin, Theater- und Buchkritikerin und Berichterstatterin im Spanischen Bürgerkrieg. In ihren Kurzgeschichten entwirft sie geistreich-sarkastische Situationen und pointierte Charakterstudien. Die Autorin, die zeitweilig in Hollywood lebte, starb 1967 in New York.

Aus dem Tagebuch einer New Yorker Lady, aus: Eine starke Blondine, übersetzt von Pieke Biermann, © by National Association for the Advancement of Colored People 1973. Einzig berechtigte deutsche Ausgabe mit freundlicher Genehmigung der Viking Press, New York, © Haffmanns Verlag, Zürich 1985

BARBARA WILDE,
1958 in Mannheim geboren, arbeitet in München als freie Journalistin für Illustrierte, Frauenzeitschriften und Männermagazine. Sie veröffentlichte zwei psychologische Ratgeber (»Eine Familie bleiben« und »Die Lust an der Trennung«) und schrieb gemeinsam mit ihrer Kollegin und Freundin Uta Rabeneck den Männerroman »Vergiß ihn doch!«

Daniel, aus: Vergiß ihn doch! Ein Roman in zwölf Affären, © Gustav Lübbe Verlag, Bergisch Gladbach 1994

JUAN RAMON RIBEYRO
wurde 1929 in Lima (Peru) geboren. Er studierte Jura und Literatur und übersiedelte 1953 nach Spanien. Nach Aufenthalten unter anderem in München ließ er sich in Paris nieder, wo er als Diplomat bei der UNESCO tätig war. Sein Werk umfaßt mehrere Erzählbände, zwei Romane sowie Theaterstücke.

Nächtliches Abenteuer, übersetzt von Elke Wehr, aus: Der Frauenheld. Geschichten der Liebe aus Lateinamerika, © beim Autor, © für die deutsche Übersetzung: Suhrkamp Verlag, Frankfurt am Main 1986

MISSFITS
Hinter diesem Namen verbirgt sich ein Team aus zwei Frauen, Gerburg Jahnke und Stephanie Überall, das seit 1985 mit großem Erfolg Frauenkabarett macht. Stephanie Überall, die Autorin dieses Beitrages, wurde 1959 in Mülheim an der Ruhr geboren und lebt in Oberhausen.

Nacht der langen Messer, Originalbeitrag, © bei der Autorin

JOSEPH VON WESTPHALEN
wurde 1945 in Schwandorf in der Oberpfalz geboren. Der promovierte Germanist ist als freier Schriftsteller tätig und veröffentlicht vor allem in verschiedenen literarischen Zeitschriften. Als Buchautor schuf er sich mit seinen Romanen um den unverbesserlichen Harry von Duckwitz (»Im diplomatischen Dienst«, »Das schöne Leben«) eine anhängliche Fan-Gemeinde. Joseph von Westphalen lebt in München.

Warum ich trotzdem Seitensprünge mache, aus: Warum ich trotzdem Seitensprünge mache. Fünfundzwanzig neue Entrüstungen, © Haffmanns Verlag, Zürich 1987